トラブル相談シリーズ

マンション管理組合の
トラブル相談
Q&A

基礎知識から
具体的解決策まで

中村 宏・濱田 卓 [著]

Condominium Management Association

発行 民事法研究会

は し が き

　国土交通省の推計では、マンション供給戸数はこれまで644万1000戸とされています（2017年末現在）。その多くは分譲マンションであり、マンション生活はいまや日常のものといってよいでしょう。たとえば、「管理組合」「管理規約」といった用語も広く知れ渡っているようです。

　他方、管理組合では、その運営や管理をめぐり多くのトラブルが存在しています。弁護士は日常それらの相談に接していますが、相談を受けながら考えていかなければ解決できないようなトラブルにも直面します。トラブルの内容によっては、既刊の書籍をあたっても十分な論述がなかったり、結論が明示されていない論点もあります。また、裁判例を探しても結論が分かれていたり、あるいは裁判例自体がいまだ見当たらないこともしばしばです。

　しかし本書では、これまであまり論じられていないテーマも含め意欲的な記載をすることを心がけました。したがって、私見も多くあります。本書の記載内容について、読者の皆様において異なるご意見がありうることは重々承知しているところでありますが、この点はぜひご批判をいただければと存じます。

　また本書は、マンションにおける諸問題のうち管理組合の内部の問題に焦点をあてています。このため、建築瑕疵・管理委託契約・建替え・復旧などの問題は今回検討の対象としておりません。これらの分野については他日を期したいと思っているところです。

　最後に、本書が管理組合の役員や区分所有者の皆様、マンション管理士・弁護士等専門家の皆様において、少しでもご参考になりましたらと願っております。

　2019年2月

弁護士　中　村　　　宏

弁護士　濱　田　　　卓

目 次

```
┌─────────────────────────────────┐
│   『マンション管理組合のトラブル相談Ｑ＆Ａ』   │
│              目　次              │
└─────────────────────────────────┘
```

第1章　総　論

Q1 マンションをめぐる法制度の全体像……………………………… 2

Q2 マンションにおける典型的なトラブルやその特徴……………… 6

Q3 マンションにおけるトラブルの相談先と解決方法……………… 9

第2章　管理費等の滞納についてのトラブル

Q4 管理費等滞納事案の和解に際し、債務を免除等することは可
能か……………………………………………………………… 14

Q5 滞納者からの弁済金をどのように充当すべきか………………… 18

Q6 滞納者の親族に対する請求や職場への連絡は許されるか……… 21

Q7 滞納者のライフラインを停止するなどの制裁は許されるか…… 25

Q8 滞納者や係争当事者の氏名等を公表することは許されるか…… 28

Q9 滞納者が死亡した場合、管理組合としてどのように対応すべきか
………………………………………………………………… 32

Q10 滞納者が破産した場合、管理組合としてどのように対応すべきか
………………………………………………………………… 36

　　コラム①　免責後の破産債権部分に対する時効中断措置／39

Q11 滞納者が行方不明の場合、管理組合としてどのように対応すべ
きか ………………………………………………………… 41

　　コラム②　相手方が外国にいる場合の送達／43

Q12 滞納者が認知症である場合、管理組合としてどのように対応すべ
きか ………………………………………………………… 44

Q13 滞納管理費等が時効によって消滅することをどうすれば防げ
るか ………………………………………………………… 47

目 次

Q14 滞納者の住戸を競売にかける場合、何に注意すべきか……………… 50

Q15 管理費等の滞納を理由とする59条競売請求は認められるか……… 54

Q16 すでに区分所有者ではなくなった特定承継人（中間取得者）に対して、滞納管理費等を請求できるか…………………………………… 57

Q17 駐車場使用料やインターネット使用料などを特定承継人に対して請求できるか…………………………………………………………… 59

Q18 まだ履行期が到来していない将来の管理費等についても、訴訟で支払いを求めることができるか……………………………………… 63

第3章　管理組合のお金についてのトラブル

Q19 滞納者や迷惑行為者に対する措置に要した弁護士費用を、滞納者や迷惑行為者に対して請求できるか……………………………………… 68

Q20 役員が訴えられた場合、その弁護士費用を管理組合が負担してよいか…………………………………………………………………… 72

Q21 自治会費をめぐる問題をどのように考えるべきか………………… 76

Q22 クリスマスツリーを管理組合が購入することは許されるか……… 80

Q23 管理費等が規約の別表に明記されている場合、管理費等の値上げには規約改正が必要か ………………………………………………… 84

Q24 不在者負担金や「罰金」の徴収は許されるか……………………… 87

Q25 給排水管やインターホンなどの専有部分たる設備の改修費用を修繕積立金から支出することは許されるか………………………………… 91

Q26 専有部分たる設備の先行工事者に対し、公平性確保のために管理組合が金銭を支払うことは許されるか ………………………………… 95

Q27 管理組合はどのような税金を払わなければならないか…………… 99

Q28 住込み管理員に対して深夜等に業務を依頼することができるか。残業代を支払う必要はあるか…………………………………………… 103

Q29 敷地利用権が賃借権や地上権である場合に、地代を1人で全額支

3

目　次

払う義務があるか……………………………………………… 107

第4章　居住や利用についてのトラブル

Q30 専有部分と共用部分とはどのように区別されるのか……………… 112

Q31 放置自動車を撤去するためにはどのような手続が必要か………… 115

Q32 駐車場専用使用権の廃止や有償化・使用料値上げは可能か……… 118

Q33 管理組合の決定で駐車場の入替え等が可能か…………………… 122

Q34 区分所有権を親族へ譲渡したり、相続が発生した場合に、駐車場
使用契約は親族に引き継がれるか………………………………… 125

Q35 放置自転車を廃棄できるか………………………………………… 129

Q36 リフォームにより隣接住戸とトラブルになった場合、リフォーム
申請を許可した理事長に責任はあるか…………………………… 132

Q37 ごみ屋敷に対して管理組合はどのように対応すべきか………… 135

Q38 「他人に迷惑をかけるおそれのある動物（小動物を除く）は飼育し
てはならない」との規約がある場合、犬や猫の飼育は禁止されて
いると解釈するべきか……………………………………………… 138

Q39 いわゆる「一代限り」の規約を廃止して、ペット飼育を全面解禁
する場合、「特別の影響」はあるといえるか…………………… 142

Q40 ペット飼育その他の規約違反行為に対し、管理組合の対応が不十
分な場合、個々の区分所有者が規約違反を理由とする差止請求を
することはできるか………………………………………………… 145

　　　コラム③　規約に基づく請求と、共同の利益に反する行為の差止請
　　　　　求の関係／ 148

Q41 シェアハウスや民泊を禁止することはできるか………………… 149

　　　コラム④　理事会決議で民泊を禁止できる？／ 154

Q42 反社会的勢力の排除のためには、規約にどのような条項をおくと
よいか………………………………………………………………… 155

4

目 次

Q43 反社会的勢力への区分所有権の譲渡を禁止する規約は有効か…… 158

Q44 反社会的勢力の排除を規約で新たに決めた場合、すでに居住している反社会的勢力構成員との関係では新たな規約は有効となるか………………………………………………………………………… 161

Q45 騒音などの住民間トラブルに管理組合はどこまで関与できるか………………………………………………………………………… 165

Q46 工事に協力しない住民にどのように対応すべきか……………… 168

Q47 規約ではなく総会の決議によって重要なルールを定めることは許されるか………………………………………………………… 172

> ## 第5章　管理組合の運営についてのトラブル
> ### その１──総論

Q48 自殺等の事故について、管理組合はどの程度まで開示義務を負うのか………………………………………………………………… 176

　　コラム⑤　係争状態にあることを管理組合が開示すべきか／ 178

Q49 管理組合が保管する書類に対する閲覧や謄写請求にどのように対応すべきか……………………………………………………… 179

Q50 コンセプトマンションにおけるコンセプト施設（介護設備や温泉等）を、多数決によって廃止することは可能か………………… 184

Q51 管理組合が作成すべき名簿にはどのようなものがあるか。作成・管理のうえでの注意点は何か……………………………………… 188

　　コラム⑥　個人情報保護法に基づくガイドライン／ 191

Q52 共用部分の変更について、規約が平成14年法改正前と同一内容のままである場合、大規模修繕の実施要件について特別決議を要すると解釈すべきか………………………………………………… 193

Q53 総会や理事会を録音・録画することは許されるか……………… 197

Q54 総会が理事会に委任することが可能な範囲はどこまでか………… 200

5

目　次

　　　コラム⑦　理事会決議で対応可能な範囲／204

Q55 議事録は、誰が、どの程度記載すべきか。その作成日はいつとすべきか………………………………………………………………… 205

Q56 特別利害関係人は総会・理事会で議決権を行使できるか………… 209

第⑥章　管理組合の運営についてのトラブル
その2──総会の運営

Q57 総会の議長はどのような権限をもつか……………………………… 214

Q58 総会に出席する代理人の代理権等の確認はどこまで行うべきか
……………………………………………………………………………… 217

Q59 総会当日に議案の修正・訂正ができるか…………………………… 221

Q60 特別決議を要する事項について「議案の要領」はどこまで記載しなければならないのか………………………………………………… 226

Q61 総会当日に役員へ立候補することは認められるか………………… 230

Q62 区分所有者の頭数はどのように数えるのか………………………… 235

Q63 議決権行使書の提出者は出席者として扱われるか………………… 238

Q64 動議とは何か。修正動議を議決の対象にすることができるか…… 240

　　　コラム⑧　区分所有法と会社法における解釈手法の違い／243

Q65 修正動議によって修正が認められる限界はどこまでか…………… 244

Q66 動議が出た場合、委任状・議決権行使書はどのように取り扱われるか……………………………………………………………………… 249

Q67 総会の現場で反対票多数の場合、議長等は白紙委任状を反対票として投じてよいか………………………………………………………… 252

Q68 理事会内少数派の役員は、総会で議案に反対することは許されるか……………………………………………………………………… 256

6

目　次

第7章　管理組合の運営についてのトラブル
その3――理事会・役員

Q69 役員の輪番制とは何か。どのように運用すべきか………………… 260

　　コラム⑨　「輪番制」のもとで役員就任義務が認められるか／263

Q70 輪番制であるにもかかわらず、特定の者を役員に選任しないこと
　　は許されるか……………………………………………………………… 264

Q71 役員に定年制や任期制限を設けることはできるか………………… 267

Q72 役員ではない者が理事会を傍聴できるか………………………………… 270

　　コラム⑩　センシティブ情報の取扱い／272

Q73 理事会の議事を役員が独自に広報することは許されるか。役員の
　　守秘義務をどのように考えるべきか……………………………………… 273

Q74 法人は役員となることができるか………………………………………… 276

Q75 理事会で決議できなかった議案を、理事長が総会に直接提案する
　　ことができるか…………………………………………………………… 279

　　コラム⑪　地震等災害の場合の理事長・理事会の権限／282

Q76 役員資格のない者が役員に選任されていた場合、どうなるか…… 283

　　コラム⑫　理事長の解任／285

Q77 役員に報酬を支払う場合、源泉徴収しなければならないか……… 287

執筆者紹介…………………………………………………………………… 290

凡　例

●凡　例●

[条文等の表記]

　法令の条文をかっこ内で引用する場合は、法令名略称、条文番号、項番号（Ⅰ、Ⅱ、Ⅲ…）、号番号（①、②、③…）のみで表しました（例：建物の区分所有等に関する法律62条2項2号→法62Ⅱ②）。

[法令名等]

区分所有法 現行法 法	平成14年法律第140号による改正後の建物の区分所有等に関する法律（最終改正平成23年法律第53号）
旧法	平成14年法律第140号による改正前の建物の区分所有等に関する法律
建替え円滑化法	マンションの建替え等の円滑化に関する法律
適正化法	マンションの管理の適正化の推進に関する法律
被災マンション法	被災区分所有建物の再建等に関する特別措置法
一般法人法	一般社団法人及び一般財団法人に関する法律
個人情報保護法	個人情報の保護に関する法律
標準	マンション標準管理規約（単棟型）
コメント	マンション標準管理規約（単棟型）コメント
適正化指針	マンションの管理の適正化に関する指針
標準管理委託契約書	マンション標準管理委託契約書

[用語等]

管理費等	管理費、修繕積立金、各種使用料など

凡 例

専有部分等	専有部分に対する区分所有権および敷地権並びに共用部分に対する各 (準) 共有持分権
総会	区分所有法上の「集会」
規約、管理規約	区分所有法上の「規約」
規約改正	区分所有法上の「規約の設定、変更又は廃止」

第1章

総　論

Condominium Management Association

第1章 総 論

Q1 マンションをめぐる法制度の全体像

　このたびマンションの管理組合の理事長になりました。皆さんの財産を預かる責任ある立場であることから、マンションに関する法律関係を勉強しようと思うのですが、まずはその全体像を知りたいので教えてください。

▶▶▶ Point
① 区分所有法は広範な規約自治を認めていることから規約が重要
② 標準管理規約に対する理解は重要だが法源そのものではないことにも留意

1 マンションをめぐる法律の概要

　マンションを購入すると、購入者は、①専有部分についての区分所有権、②共用部分についての共有持分権、③敷地（利用権）についての（準）共有持分権をそれぞれ取得することが通常です。このような共有関係については、私法の一般法である民法に規定がおかれていますが、マンションのような複雑な権利関係を規律するにはとうてい不十分です。そのため、昭和37年に区分所有法が制定され、これがマンションに関する法制度の基礎をなしています（ちなみに、区分所有法を所管するのは、国土交通省ではなく法務省です）。なお、区分所有法の正式名称は、「建物の区分所有等に関する法律」ですが、ここで「等」が入っている理由は、区分所有法は、区分所有権の対象ではない、戸建てなどの建物によって構成される団地関係についても適用されうるためです。

　また、さまざまな社会的事象の発生を契機として、関連法令も制定されて

2

います。具体的には、管理会社の業務等を規制する適正化法、阪神・淡路大震災によって明らかになった、マンションの再建等に向けた問題に対処するための被災マンション法、建替えをスムーズに実施するための枠組みを提供する建替え円滑化法があります。

　さらに、国土交通省が通達として作成しているものとして、標準管理規約（後述）やマンション管理標準指針、標準管理委託契約書などがあり、実務上広く活用されています。

2 法律における「マンション」の定義

　マンションという言葉は、日常用語としては幅広い意味で使用されていますが、本書で検討の対象としているマンションは、いわゆる分譲マンションです。よって、オーナーが1人で、入居者と賃貸借契約を締結しているようなマンション（賃貸マンション）は対象外となります（一般的には、いわゆるアパートよりも高級感のある物件のことを賃貸マンションと呼ぶようです）。

　ここで、法律上の「マンション」の定義を確認しておきましょう。実は、区分所有法には、マンションの定義は存在しません。これは、区分所有法の対象となる建物には、居住用部分を含む日常用語でいうところの分譲マンションのみならず、その専有部分のすべてが店舗や事務所である区分所有建物も含まれているからです。マンションの定義が法令上初めて登場したのは、平成12年に制定された適正化法においてです。適正化法では、マンションは、「二以上の区分所有者……が存する建物で人の居住の用に供する専有部分……のあるもの」と定義されています。また、平成14年に制定された円滑化法でも、ほぼ同様の定義がなされています。つまり、これらの法律にいうマンションは、少なくとも1戸以上の専有部分が居住用であることが必要であり、これは日常用語でいう分譲マンションのイメージに近いものといえるでしょう。

3

第1章 総論

3 管理組合の最高法規としての規約

　マンションに関する法制度の基礎をなす区分所有法ですが、その対象とする建物が多種多様であることから、これらに共通する事項には限りがあるため、条文数も72条と大変少なく、規律も最小限にとどまっているといえます。たとえば、ほとんどの管理組合において設置されている理事会や理事長といった概念について、区分所有法は全く触れていません。

　そのため、区分所有法は、区分所有者の団体（管理組合）に対し、「建物又はその敷地若しくは附属施設の管理又は使用に関する区分所有者相互間の事項」（法30 I）という極めて広範な事項について、規約による自治を認めています。管理組合は、区分所有法やその他の法律に反しない限り、多種多様な事項について規約を定めることができるのです。このような規約の性質や、規約改正のハードルが高いことなどから、規約は、「管理組合の最高法規」あるいは「管理組合の憲法」などとも呼ばれています。

4 標準管理規約の位置づけ

　とはいえ、管理組合は、営利のために自発的に結成される株式会社などとは全く異なり、マンションを購入した者（区分所有者）を構成員として、区分所有法により当然に成立する団体であることから、このような重要な規約を制定するに際し、その構成員である組合員が必要な専門的知識等を有するとは限りません（むしろ、有しないことのほうが通常でしょう）。そのため、マンションを含む住宅問題全般を所管する建設省（当時）が、管理組合が規約を制定したり改正したりする際の参考として作成したものが標準管理規約です。標準管理規約は、中高層共同住宅標準管理規約という名称で昭和57年に策定され、その後複数回の改正を経て現在に至っています。実務上、管理組合の多くは標準管理規約に準拠した規約を有しており、その一言一句が標準管理規約と同じ規約を有する管理組合も珍しくありません。

4

このような標準管理規約は、マンション管理に関する専門家による審議を経て策定されるとともに、その条項についての比較的詳細なコメントが付されていることから、マンション管理の現場においては非常に信頼性が高いといえます。実際の紛争事例においても、標準管理規約に反する規約改正は許されないという趣旨の主張によく接します。

　しかし、標準管理規約は、法的には、関係業界団体等に対する行政通達にすぎず、法規範性（法的拘束力）はありません。したがって、標準管理規約に反することが直ちに違「法」となることはありません。管理組合としては、標準管理規約をうまく利用して、それぞれのマンションごとの特性に応じた規約を定めることが大切です。

　なお、このような位置づけは、適正化指針や標準管理委託契約書も同様です。よって、これらの定めに達していなかったり、反しているような定めも、それだけで違「法」と評価されることはありません。

第1章 総 論

Q2 マンションにおける典型的なトラブルやその特徴

　このたびマンションの管理会社に転職し、いわゆるフロントとして管理組合様を担当することになりました。組合員の方からの相談に迅速に対応できるようにしたいので、まずはマンションにおけるトラブルはどのようなものがあるのかなど、その概要と傾向を教えてください。

▶▶▶ Point
① 多種多様だが騒音、水漏れ、管理費等の滞納などが典型例
② 民泊や認知症居住者などの新しい類型のトラブルも生じている
③ マンション特有の事情から解決が困難な事例も少なくない

1 典型的なトラブルの類型

　マンションは共同住宅であることから、戸建てとは異なり、特有のトラブルが発生することがあります。国土交通省が5年ごとに実施し公表しているマンション総合調査（最新版は平成25年度）によれば、過去1年間に発生したトラブルとして、「居住者間の行為、マナーをめぐるもの」が55.9％、「建物の不具合に係るもの」が31.0％、「費用負担に係るもの」が28.0％となっています。そして、「居住者間の行為、マナーをめぐるもの」としては生活音、違法駐車、ペット飼育が、「建物の不具合に係るもの」としては水漏れと雨漏りが、「費用負担に係るもの」としては管理費、修繕積立金、各種使用料などの滞納がそれぞれ多くなっています。

　これらのトラブルは、まさにマンションにおけるトラブルの典型例というべきものであって、実務上も相談事例の大変多いものばかりです。そして、これらのトラブルは、その性質上、いずれについても、今後もマンションに

おけるトラブルの典型例であり続けると思われます。

2 新しいトラブルの類型

これらのトラブルは、いわば古典的な類型であるといえますが、社会経済情勢の変化等に伴い、新しい類型のトラブルも多く発生しています。実務上、シェアハウスや民泊といった新しい住宅の利用形態に関するトラブル（Q41を参照してください）、認知症の居住者をめぐるトラブル、組合員の多国籍化に伴うトラブル、役員のなり手不足や逆に役員のやる気過剰ともいうべきトラブル（連続多選など）などが増えていると思われます。

これらの新しいトラブルについては、法令の整備が追いついていないことが多いことから、管理組合としては、規約を効果的に整備しつつ、良好なコミュニティの形成によるソフト面の充実化や、行政との連携などの幅広い対応が求められます。

3 マンション特有の事情

これらのトラブルですが、マンションが居住空間であるという特有の事情により、解決が困難である事例も少なくありません。

まず、マンションが居住空間であることから、トラブルの当事者は、マンションに居住している限り、24時間365日、トラブルに巻き込まれることになり、学校や職場でのトラブルのケースとは異なり、逃げ場がありません。生活音問題を念頭においていただければわかりやすいと思いますが、このような状況は、当事者にとって極めて強いストレスとなるため、冷静な対応を困難にします。

また、マンションが居住空間であることから、トラブルの当事者同士の人間関係が濃密です。同じ建物に住んでいるというだけにとどまらず、たとえば当事者の子ども同士が同じ学校に通っていたりするケースですと、その人間関係がさらに濃密かつ複雑となります。このような人間関係がトラブルの

第1章 総論

背後にある場合、トラブルは、まるで離婚事件や相続事件といった家族や親族間におけるそれのような様相を呈します。

このようなマンション特有の事情から、トラブルが激化して解決困難となる傾向にあるといえます。その結果、相手を誹謗中傷する内容のビラを配布したり、ブログやSNSに投稿したりした当事者が、他方当事者から名誉毀損で訴えられたり、刑事告訴をされたりするなど、最終的には司法の判断による公権的な解決に委ねられるケースも珍しくありません。

管理組合やこれをサポートする管理会社としては、トラブルの背景事情もよくよく観察して理解したうえで、可能な範囲でこれに対応することが肝要です（管理組合が関与すべき範囲等についてはQ45を参照してください）。

Q3 マンションにおけるトラブルの相談先と解決方法

> マンションにおけるトラブルの解決は容易ではないということがよくわかりましたが、トラブルが発生した際の相談先や解決方法にはどのようなものがありますか。その概要を教えてください。

▶▶▶ Point
① 相談先は多岐にわたる
② 大きくは話合いによる解決と強制力に基づく解決に分かれる
③ コストやコミュニティへの影響等を踏まえて選択することが重要

1 相談先

トラブルの当事者になってしまった場合、まずは自身や相手方の言い分の妥当性などを第三者に相談したいところです。このような相談先は多岐にわたりますが、信頼性の高いものとしては、①弁護士、一級建築士、マンション管理士などの専門家、②マンション管理の実務に通じた公益財団法人マンション管理センターや特定非営利活動法人（NPO）などの団体、③管理会社との紛争の場合には業界団体である一般社団法人マンション管理業協会などがあります。

2 話合いによる解決と強制力による解決

このような相談によっては解決に至らなかった場合、本格的に解決方法を検討することになりますが、解決方法は、大きくは、話合いによる解決と、強制力による解決に区別することができます。後者は、最終的には裁判所の判決等による公権的解決を指します。もちろん、最初は話合いによる解決を

9

第1章 総　論

めざしつつ、それがどうしても無理であるという場合に、次のステップとして強制力による解決を選択することもあり得ます。マンションが生活空間・居住空間でもあるという点に鑑みれば、原則としてまずは話合いによる解決をめざすことが穏当であるといえます。

　強制力による解決は、具体的には裁判所における訴訟や強制執行手続によることになります。これらについては、それぞれのQにおける解説を参照してください。

3　話合いによる解決の具体的方法

　話合いによる解決の基本は、第三者が間に入り、双方の言い分やその根拠を客観的に評価し、これをベースとして、妥当な結論に向けて双方が譲歩していくというものです。よって、間に入る第三者ごとにこれを分類して検討することが有益です。

(1)　管理組合

　組合員同士のトラブルの場合、その一方または双方が、管理組合（理事会）に対し、仲裁等を求めてくることがあります。しかし、管理組合がこれにどこまで関与すべきかは難しい問題です（詳細はQ45を参照してください）。管理組合としては、ある程度のところで、当事者に対し、後述の機関への相談等を示唆し、関与を打ち切ることも必要です。

(2)　管理会社

　管理会社の役割は、管理組合との管理委託契約に基づいて委託業務を行うことに尽きることから、委託業務外であるトラブルの仲裁等を行うことはできません。また、仮に、管理会社がこのトラブルを解決してあげたいと強く願ったとしても、管理会社は、弁護士法72条（非弁行為の禁止）によって、そもそも法律上トラブルの仲裁等を行うことができません。

(3)　認証紛争解決事業者

　裁判外紛争解決手続の利用の促進に関する法律（いわゆるADR法）に基づ

10

く認証を受けた団体（認証紛争解決事業者といいます）は、法律上正式に和解の仲介を行うことができます（認証紛争解決事業者以外の者による和解の仲介等は、前述の弁護士法に違反する可能性が高いことから、利用しないことが賢明です）。原則として都道府県ごとに置かれている弁護士会や、マンション関係では特定非営利活動法人福岡マンション管理組合連合会（福管連）や、一般社団法人日本マンション管理士会連合会がこの認証を受けています。ADRの特徴は、後述の裁判所における手続と比較して、安価かつ短時間で解決が期待できるとされている点です。また、認証紛争解決事業者が行う和解手続に対しては、ADR法により、時効の中断についての措置が認められているなど、手続が功を奏しなかった場合における訴訟への移行についても配慮されています。

(4) 住宅紛争審査会

新築時の瑕疵に関するトラブルについては、品確法に基づいて設置された住宅紛争審査会（各地の弁護士会に設けられています）に対し、区分所有者（買主）または管理組合が申請人となって、分譲業者（売主）を相手方として、調停等の申立てを行うことができます。

(5) 民事調停

民事調停は、簡易裁判所において行われる手続であり、裁判所（通常は調停委員2名）を交え、紛争の解決をめざすものです。裁判所における手続であることから、合意の内容を記載した調停調書は確定判決と同一の効力を有し、これに基づく強制執行が可能となるというメリットがあります。他方、調停期日の多くは1カ月に1回程度の開催となることから、前述のADR等に比して解決までの時間がかかりがちであるというデメリットもあります。

4 手続の選択の視点

これらの各手続から、それぞれの事案の性質（話合いによる解決に適しているか否か）、当事者の特性（話合いに応じるか否か、話合いが成り立ちうるか否か）、

第1章 総 論

要するコストの多寡や解決までの時間の目安などを総合的に考慮して、最も適切なものを選択することになります。とはいえ、このような選択自体に専門的知見を要することから、強制力による解決も含め、弁護士でないと適切な選択は困難であると思われますので、手続を選択するに際しては、弁護士への相談をお勧めします。

第②章

管理費等の滞納
についてのトラブル

Condominium Management Association

第 2 章 管理費等の滞納についてのトラブル

Q4 管理費等滞納事案の和解に際し、債務を免除等することは可能か

管理費等の滞納者に対し、その支払いを求めて交渉しているのですが、滞納者から、「お金がなくて、全額は払えない。支払うべき金額を半分に免除してもらえないか」との申出がありました。このような申出も、総会にかけて承認を得れば、承諾して大丈夫でしょうか。

▶▶▶Point
① 管理費等支払請求権の免除等の可否については争いがあるため、安易な放棄は禁物です
② 免除等に際して役員としての善管注意義務違反を問われることがないよう慎重な検討が必要です

1 管理費等支払請求権の免除の可否については争いがある

組合員が管理費等を滞納した場合、管理組合としては、滞納者に対してその支払いを求めていくことになりますが、その際、滞納者から、遅延損害金や元本の一部を免除してほしい旨の要望がなされることがあります。また、管理費等請求訴訟を提起した場合に、裁判官からも、滞納者の支払能力を考慮し、このような要請がなされることがあります。

この点、管理組合が滞納者に対して有する管理費等支払請求権の免除や放棄（以下、「免除等」といいます）の要件については、次のとおり見解が分かれており、実務上は確立した基準がないのが現状です。

(1) 全員合意説

この見解は、管理費等支払請求権は、法理論上、厳密には、管理組合ではなく、その構成員たる組合員全員に総有的に帰属する財産であると解される

14

ところ、その免除等は財産の放棄という重大な行為にあたるため、権利者である組合員全員の承諾が必要であるとするものです。この見解によれば、多数決による免除等は不可能ということになりますので、多くの管理組合においては、事実上、管理費等支払請求権の免除等は不可能ということになります。

(2) 多数決説

この見解は、管理費等支払請求権が実質的には管理組合に帰属するという実態を重視し、その免除等についても、共用部分の管理に関する事項（法18Ⅰ本文)に該当するとして、普通決議による免除等が許されるというものです。

(3) 法人化すれば多数決で可能説

この見解は、前記の全員合意説をベースとしつつも、管理組合法人については、原則としてその事務は集会の決議によって行うと規定する区分所有法52条１項本文があることから、管理組合を法人化すれば、普通決議による免除等が許されるとするものです。

2 安易な免除等は役員の善管注意義務違反を問われるリスクがある

このように、管理費等支払請求権の免除等の要件については見解が分かれているため、安易に免除等を認めてしまうと、これに携わった役員が、後に管理組合に対する善管注意義務違反を問われてしまうリスクが否定できません。

そのため、実務上は、仮に、総会の決議（多数決）によって免除等を行うとしても、その必要性等について慎重な審議を行うことを通じて、組合員の理解と、役員の善管注意義務違反のリスクの減少を図っていくことが重要です。

3 具体例

以下では、役員の善管注意義務違反を問われるリスクの観点から、実務上

第2章 管理費等の滞納についてのトラブル

よく遭遇するケースについて検討します。

(1) 単なる滞納者からの要望の場合

これが一番多いケースであると思いますが、まず、管理費等の元本については、これは管理組合財産の基礎をなすものであって、その支払いは組合員としての最低限の義務なのですから、一部の組合員（滞納者）に対してのみ、その支払いを、仮に一部であっても免除することは、不公平であり、正当化することは困難です。よって、元本の免除等は、原則として許されないと考えます。

他方、遅延損害金については、そもそも元本の支払いを確保するための手段として規定されているという側面があること、元本と異なりそれが管理組合財産の基礎をなすものとはいえないこと、実際上も優先すべきは滞納者からの元本の回収であるなどの特徴があります。よって、遅延損害金を、単に免除等するのではなく、和解や示談において、「元本を約定のとおりに遅滞なく支払い終えた場合には、遅延損害金の支払義務を免除する」というような方法によって免除等する場合には、役員の善管注意義務違反とはならないと考えます。

(2) 優先債権者からの要望の場合

リゾートマンションなどでよくみられるケースですが、滞納者が管理費等のみならず、固定資産税等の公租公課も滞納しており、その金額が高額である場合、管理組合としては、管理組合に優先する債権者である市町村等が行う公売による解決に期待せざるを得ないことがあります。しかし、管理費等の滞納額が高額である場合、買受人はこれを負担しなければならないため（法8・7 I）、買受人がなかなか現れず、公売での処分が困難となります。そのような場合、市町村等から管理組合に対し、公売での処分を容易にするために、元本を含めた管理費等支払請求権の一部または全部の免除等を求められることがあります。

このようなケースでは、実際上、免除等に応じなければ、滞納問題がいつ

16

Q4 管理費等滞納事案の和解に際し、債務を免除等することは可能か

まで経っても解決しないわけですから、やむを得ない措置として、多数決による免除等を行うほかなく、ゆえに、それが役員の善管注意義務違反となることはないと考えます。

第2章 管理費等の滞納についてのトラブル

Q5 滞納者からの弁済金をどのように充当すべきか

　長期にわたって管理費等を滞納している方がいるのですが、この方は、数カ月に１、２回のペースで、管理組合の口座に、数千円程度の中途半端な金額を支払ってきます。

　管理費等には遅延損害金も発生していますので、これらの弁済金をどのように割り付けて処理すべきでしょうか。

▶▶▶Point
① 充当の合意による処理が原則
② 充当の合意がない場合の民法の規定は複雑
③ 実務上は黙示の充当の合意によって処理しているケースも多い

1 充当とは

　組合員が管理費や修繕積立金を滞納した場合、規約の定めによっては、滞納者は、管理組合に対し、①これらの管理費等の元本にとどまらず、②これに対する遅延損害金や③違約金としての弁護士費用や督促諸費用、④さらに③に対する遅延損害金を支払わなければなりません。

　このような場合において、滞納者自身やその特定承継人（買主や競落人）が、上記①から④の合計額に満たない金額を管理組合に対して支払った（弁済した）とき、管理組合としては、当該弁済額をどのように上記①から④に割り付ければよいでしょうか。これが「充当」と呼ばれる法律問題です。

2 原則は充当の合意に従う

　滞納者と管理組合が、充当の順序や方法について合意をした場合は、その

18

合意のとおりに充当されます。

　もっとも、実際には、充当の合意が成立しているか否かが不明なケースも多くみられます。そのため、最近では、充当に関する複雑な問題を回避するために、充当の方法について規約に規定している管理組合もあるようです。

3　充当の合意がない場合の民法の規定

　充当の合意がない場合（後述の黙示の充当の合意も認められない場合）には、民法の規定に従い、次のとおり処理されます。

(1)　指定弁済充当

　まず、滞納者が、弁済の時に、管理組合に対して、弁済金をどの債権に充当すべきかを指定することができます（民法488Ⅰ。弁済者による指定弁済充当）。たとえば、「管理費および修繕積立金の滞納元本が100万円、駐車場使用料の滞納元本が20万円」という事案において、滞納者が、「20万円を支払うが、これはすべて駐車場使用料の滞納元本に充当せよ」と指定する場合がこれにあたります（ちなみに、「管理組合の運営に対して不満があるので管理費や修繕積立金は支払わないが、駐車場を使えなくなると困る」という理由から、このように、駐車場使用料への指定をしてくるケースは稀にみかけます）。

　次に、滞納者がこのような指定をしない場合、管理組合は、受領の時に、滞納者に対して、弁済金をどの債権に充当するかを指定することができます（民法488Ⅱ本文。弁済受領者による指定弁済充当）。もっとも、この指定に滞納者が遅滞なく異議を述べたときはこの限りではなく（同項ただし書）、その場合は後述の法定弁済充当の方法によって処理されます。

(2)　滞納者による充当の指定の制限

　もっとも、滞納者による充当の指定には制限があります。民法491条1項は、「債務者が1個又は数個の債務について元本のほか利息及び費用を支払うべき場合において、弁済をする者がその債務の全部を消滅させるのに足りない給付をしたときは、これを順次に費用、利息及び元本に充当しなければなら

ない」と規定しているからです。

よって、たとえば、「管理費等の滞納元金が100万円、その遅延損害金が20万円」という事案において、滞納者が、「20万円を支払うが、これはすべて元金に充当せよ」と指定したとしても、その指定に効力はなく、弁済金20万円は「利息」たる遅延損害金に充当されることになります。

(3) 法定弁済充当

滞納者と管理組合のいずれもが弁済充当の指定をしなかった場合には、民法489条に従い、次のとおりに充当されることになります（法定弁済充当）。

① すべての債務が弁済期にあるときは、債務者のために弁済の利益が多いものに先に充当する（同条②）。

② 債務者のために弁済の利益が相等しいときは、弁済期が先に到来したものに先に充当する（同条③）。

この法定弁済充当の場合にも、前述の民法491条1項の適用があります。

4 実務上よくみられる処理とその適法性

もっとも、実務上は、先に元本から充当しているケースがよくみられます。その理由はさまざまですが、最も重要な点は、最も支払期限の早い（古い）元本を消滅させていくことにより、管理費等支払請求権の消滅時効が完成してしまうことを防ぐ点にあると考えられます。管理組合は営利団体ではないのですから、このような処理も不当とはいえないでしょう。それゆえ、たとえば、このような処理を決定した際の理事には、管理組合に対する善管注意義務違反は認められないと考えます。

なお、理屈上は、このような充当処理をすることについて、滞納者と管理組合との間で、黙示の充当合意が成立していると考えることになるでしょう。

Q6 滞納者の親族に対する請求や職場への連絡は許されるか

Q6 滞納者の親族に対する請求や職場への連絡は許されるか

管理費等の滞納者が入居時に管理組合に対して提出した書類によれば、滞納者のお父様はこの近所にお住まいで、ご健在のようです。管理組合としては、このお父様に代わりに管理費等を支払っていただきたいのですが、それは可能でしょうか。

また、同じ書類には、滞納者の勤務先も記載されているのですが、こちらに対して連絡をとってみることはどうでしょうか。

▶▶▶Point
① 管理費等を滞納している事実は滞納者のプライバシーに含まれます
② 原則として、親族への請求も、職場への連絡も、避けるべきです

1 親族に請求したいという要望の背景

マンションに関する紛争のうち、管理費等の滞納問題は、非常にポピュラーな紛争といえます。

しかし、それは解決が容易であることを意味しません。実際、滞納者のほとんどは、住宅ローンや生活費の支払いによって生活に窮しており、管理費等を支払うだけの資金を持っていません。

他方、マンションによっては、購入時や入居時に、管理組合に対する届出を規約によって義務づけていることがあり（標準31）、その中で「緊急連絡先」などとして、組合員の親族の氏名と連絡先が記載されていることがあります。

また、滞納者の親族についての情報を、他の組合員が持っているケースもあります。

21

第2章 管理費等の滞納についてのトラブル

2 親族への請求は原則として不可

このような場合、滞納者に代わり、その親族に対して、管理費等の支払いを請求することは許されるでしょうか。

結論からいえば、親族に対する請求は原則として許されず、むしろ、後述のとおり、滞納者のプライバシーを侵害するものとして、管理組合や個々の役員が滞納者に対して損害賠償義務を負うリスクがあると考えます。

そもそも、大原則として、滞納者の親族は、親族であるというだけでは、管理組合に対し、滞納分を支払う義務を負うものではありません。親族は、管理費等の滞納との関係では、全く無関係の第三者にすぎません。住宅の賃貸借契約における連帯保証人などとは異なります。

よって、このような無関係の第三者に対し、管理組合として管理費等を請求することは、当然ながら、原則として許されません。

3 親族への請求が滞納者のプライバシー侵害にあたるリスクもある

このように、親族に対する管理費等の支払請求は、原則として許されないのみならず、親族に対する請求行為自体が、滞納者との関係でプライバシーの侵害にあたり、管理組合や役員個人が滞納者に対して損害賠償義務を負うリスクもあります。

すなわち、管理費等を滞納してしまっていることは、滞納者の経済状態が芳しくないことを示すものであって、一般的に他人に知られたくない事柄であると考えられるため、滞納者のプライバシーの一内容として、法的保護に値すると解されます。

そうであるにもかかわらず、管理組合が滞納者の親族に対して管理費等の支払いを請求することは、親族に対し、滞納者が管理費等を滞納してしまっていることを明らかにする結果を伴いますので、滞納者のプライバシーの侵

22

害にあたると考えられるのです。

よって、後述の例外に該当する場合を除き、親族への請求は避けるべきです。

4 例 外

もっとも、親族に対する請求が例外的に許されうる場合もあります。

(1) 滞納者が行方不明の場合

滞納者が当該専有部分に居住しておらず、管理組合が手を尽くしても滞納者の連絡先が判明しないケースにおいて、管理組合が、管理組合に届け出られている滞納者の親族に対し、管理費等を滞納している事実を具体的に告げることなく、滞納者の所在を尋ねる程度の行為であれば、社会通念上相当なものとして違法とまではいえないと考えられます。

もっとも、滞納者が行方不明のケースであっても、各種法的措置における公示送達の活用などによって、滞納者本人に対する法的措置は可能ですので、必ずしも滞納者の親族からの回収を試みる必要性は認められません（なお、Q11も参照）。

よって、このようなケースであっても、滞納者の親族が任意に滞納者の滞納分の支払いを申し出たような場合を除き、管理組合としては、滞納者の親族に対する請求行為は避けることが賢明です。

(2) 滞納者が死亡した場合

滞納者が死亡した場合、滞納者の親族はその相続人となり、法的に滞納分の支払義務を負っている可能性があります。

よって、滞納者が死亡した場合において、管理組合がその親族に対し、誰が相続人であるかの確認や、確認された相続人に対する管理費等の支払請求を行うことは許されるでしょう。

5 滞納者の勤務先への連絡は避けるべき

滞納者の勤務先を名宛人として、滞納者が滞納をしている旨を連絡するこ

23

第2章 管理費等の滞納についてのトラブル

とは、まず間違いなく、滞納者のプライバシーを侵害するものとして、違法の評価を免れません。

　これは、滞納の事実を滞納者の勤務先に知らしめることにより、管理費等の支払いを間接的に強制する手段とすることを狙うものですが、手段としての相当性を欠いていることが明らかであるからです。

　他方、滞納者となかなか連絡をとることができないことから、滞納者を名宛人とする連絡を、滞納者の勤務先に対して行うことは、封書に「親展」と記載するなど、滞納者のプライバシーを不当に侵害しないような配慮を尽くした場合には、違法とまではいえない可能性があります。

　しかし、どこまでの配慮を行えば、これを尽くしたと評価されるかは、事前に判断することが困難であるうえ、滞納者との間で無用な紛争が生じるリスクがありますので、勤務先に対する連絡は、いずれにしても避けることが賢明です。

24

Q7 滞納者のライフラインを停止するなどの制裁は許されるか

> 長期にわたり管理費等を滞納している方がいるのですが、理事会による面談にも応じず、誠実さが感じられせん。きちんと管理費等を支払っている他の組合員の不満が高まっているため、ライフラインの停止などの制裁措置をとりたいと考えていますが、注意すべき点はありますか。

▶▶▶Point
① 制裁措置をとった管理組合が滞納者に敗訴したケースもあります
② 適法な制裁は容易ではないため避けるべきです

1 適法な制裁は容易ではない

　管理組合は、管理費や修繕積立金の収入を財産的基礎とする団体であり、そのため、組合員による管理費等の支払義務は、管理組合の構成員としての最低限の義務であるといえます。よって、管理組合によっては、かかる最低限の義務を履行しない組合員に対し、滞納が解消するまでの間、さまざまな制裁を課すことを検討の対象とすることがあります。しかし、以下に述べるとおり、滞納者に対する制裁を適法に実施することは容易ではありません。

2 規約の規定や集会の決議がない場合

　滞納者に対する制裁としては、①電気・ガス・水道等のライフラインの供給停止、②ゲストルームや共用浴場等の共用設備の使用停止、③駐車場や駐輪場等の使用契約の解除などが実務上問題となります（なお、滞納者の氏名の公表については、Q8を参照してください）。
　これらの制裁に共通していえることとして、まず、当該制裁の根拠となる

べき規約の規定や集会の決議がない限り、原則として当該制裁は違法となります。また、その場合、契約の解除等を行うこともできません。

3 規約の規定や集会の決議がある場合

では、当該制裁の根拠となるべき規約の規定や集会の決議がある場合は、当該制裁は無条件に許されるのでしょうか。以下、制裁ごとに検討します。

(1) 電気、ガス、水道の停止

電気、ガス、水道といったいわゆるライフラインは、その供給が停止された場合、当該専有部分における生活が事実上不可能となるという、極めて甚大な影響をもたらします。そのため、その供給事業者に対しては、法律上も提供義務が明記されています（水道法15など）。このような法律の規定の趣旨などに鑑みれば、ライフラインの供給停止は、管理費等の支払いを促す手段としての相当性を欠くため、たとえその根拠となるべき規約の規定や集会の決議がある場合であっても、滞納者（および当該専有部分の居住者）との関係で違法であると判断される可能性が高いと考えます。裁判例においても、滞納者に対して電力の供給を停止した管理組合の行為が違法であるとして、滞納者に対する慰謝料の支払いが命じられたケースがあります（東京地判平成21年5月28日など）。

(2) 冷暖房や給湯の停止

大規模な開発によって供給された大型のマンションの場合、熱源が区分所有建物（マンション全体）ごとに一括して供給されるため、管理組合の判断により、特定の専有部分に対する冷暖房や給湯の供給を停止することができる場合があります（すなわち、電気や水の供給は停止されません）。この場合の供給停止の適法性の判断は非常に困難ですが、前記のライフラインほどには生活への影響が大きくはないことや、管理費等の支払義務は組合員の最低限の義務であることなどに照らし、リスクはあるものの、なお適法であると判断される余地はあるものと考えます。

26

もっとも、給湯の停止が区分所有者らに対する不法行為を構成するとして、管理組合に対し、慰謝料の支払いを命じた裁判例も存在しますので（東京地判平成2年1月30日）、決して推奨できるものではありません。

(3)　ゲストルームや浴場等の利用停止

　ゲストルームや浴場等の、利便性・快適性を高めるためのサービス施設の利用については、これらの施設が組合員によって支払われる管理費等によって運営されている以上、滞納者に対してこれらの施設の利用を停止することは許されると考えます。

(4)　駐車場や駐輪場等の使用契約の解除

　駐車場や駐輪場等の、管理組合との間における使用契約に基づき利用される設備についても、組合員間の公平等の観点から、滞納者に対して、当該使用契約を解除することは許されると考えます。

　なお、特殊な事例として、滞納者が、管理費や修繕積立金は滞納しているが、駐車場使用料や駐輪場使用料については、これに充当すべきことを指定して（民法488Ⅰ）支払ってくるケースがあります（なお、充当については、Q5を参照してください）。このようなケースであっても、管理組合は、滞納者との間の使用契約を解除することは可能と考えますが、このようなケースに備えて、使用細則や賃貸借契約書においては、賃借人（使用者）が、その名目を問わず、管理組合に対して支払うべき金銭を（一定期間）滞納した場合には解除が可能であることを明記しておくべきです。

第2章 管理費等の滞納についてのトラブル

Q8 滞納者や係争当事者の氏名等を公表することは許されるか

管理費等の滞納者に対し、制裁として、その氏名を公表すべきだという声が組合員からあがっているのですが、何か気をつけるべき点はありますか。

また、管理組合に対して何度も訴訟を提起してくるクレーマーのような組合員もいるのですが、組合員に対していちいち訴状の内容を要約して報告することは手間なので、訴状をそのまま総会資料として配付したいのですが、こちらも問題はないでしょうか。

▶▶▶Point

① 氏名の公表は不可欠ではなく、プライバシー侵害にあたるリスクもあることから避けるべきです

② 訴状そのものの配付も避けるべきです

1 問題の所在

管理費等の支払義務は、組合員としての最低限の義務です。そのため、滞納者に対しては、きちんと管理費等を支払っている組合員から強い非難の声があがり、そのための対応の1つとして、滞納者の氏名の公表を検討する場合があります。

また、管理費等の滞納以外でも、管理組合や役員等と係争中の組合員に関し、管理組合として、広く組合員に対して係争の実情を知ってもらうための手段として、当該係争の当事者の氏名等を公表する場合があります。

これらの氏名等の公表の可否については、最終的には、氏名を公表された組合員が管理組合や役員等を相手に提起する損害賠償請求訴訟において判断

28

されることになりますので、管理組合としては、かかる訴訟における裁判所の判断を適切に予想したうえで、慎重に対応することが必要です。

② 滞納者の氏名の公表

管理費等を滞納してしまっているということは、滞納者の経済状態が芳しくないことを意味する事象であり、一般的に、他人には知られたくないことであるといえます。そのため、これを他人に知られ（たく）ないという利益は、プライバシーの一内容として法的保護に値し、これを違法に侵害した場合には、不法行為（民法709）が成立し、侵害者は滞納者に対して損害賠償義務を負うと考えられます。

この点、管理組合が滞納者の氏名を公表する目的は、主として、滞納者に対する、その羞恥心等を利用した心理的圧迫を通じて管理費等の支払いを促すことであると考えられます。

しかし、管理費等の滞納に対する対処は、訴訟や強制執行等の法的手続によるべきであって、村八分的な側面を有する氏名の公表は、手段としての相当性を欠いていると考えます。

よって、滞納者の氏名の公表は、たとえその根拠となるべき規約の規定や集会の決議がある場合であっても、違法であって許されないと考えます。

③ 関連──訴訟時の議案書・議事録の記載

この点に関連し、滞納者に対する法的措置をとる場合における、総会または理事会の議案書や議事録に、滞納者をどの程度特定して記載するかという問題があります。

まず、裁判所との関係では、法的手続の当事者が誰であるかが特定されている必要がありますが、この関係では、「〇〇号室区分所有者」と記載すれば足ります（他方、「長期滞納者」のような記載では、特定ができず、不十分です）。

他方、滞納者の氏名を記載することは、前述の制裁的な氏名の公表とは趣

29

第2章 管理費等の滞納についてのトラブル

旨が異なるとはいえ、前記のとおり、裁判所との関係においても氏名そのものを記載する必要がないわけですから、やはりここでも氏名の記載は控えるべきです。

よって、議案書や議事録には、「○○号室区分所有者」と記載することをお勧めします。

4 係争当事者の氏名等の公表の可否

マンション管理の現場において、現在難しい問題として議論されているのが、係争当事者の氏名等の公表の可否です。

ここでは、実際に問題となった裁判例（東京高判平成24年11月14日）を紹介しながら検討することにします。

(1) 事案の概要

組合員が管理組合を被告として提起した訴訟の訴状のコピーを、管理組合が、オートロックで施錠されている玄関の内扉内にあるマンション内の掲示板に掲示しました。これに対し、原告である組合員が、かかる掲示によって自己のプライバシーおよび名誉権が侵害されたとして、管理組合に対し、慰謝料の支払いを求めたものです。

(2) 裁判所の判断

裁判所は、①原告は、自ら訴訟を提起したのであるから、訴訟提起の事実等が一定の限度で他者に知られることはある程度受忍すべきであること、②管理組合は被告とされた以上、その構成員である全組合員に対し、請求の内容等を周知する必要性は肯定できないわけではないことなどを指摘しつつも、③問題の掲示板は単なる訪問者も見ることが可能な位置にあるため、原告の氏名や住所までが組合員以外の者に知られる可能性があること、④組合員に対して原告の氏名や住所をも知らせなければ、管理組合として適切な応訴ができないとまではいえないことなどの理由により、管理組合によるプライバシー侵害を認め、慰謝料の支払いを命じました（名誉毀損は否定）。

30

(3) 検 討

　この判例はあくまで事例判例であり、上記以外のさまざまな事実を前提に判断されたものですので、安易な一般化はできませんが、他方において、本判決は、いわば自分で管理組合を訴えておきながら、その訴状が公開されたからといってプライバシー侵害を主張した者の訴えを、一部とはいえ認めたのですから、マンション管理の現場では、一定の驚きをもって迎えられたことも事実です。この判例からうかがえる、わが国の裁判所の、プライバシーの保護に関するスタンスを考慮すると、管理組合との係争当事者の氏名の公表についても、事前の慎重な検討が不可欠といえるでしょう。

　とはいえ、管理組合の立場からすれば、訴訟を提起された事実について、構成員である組合員に周知して説明することは不可欠の業務ですし、そのための方法としては組合員に訴状を読んでもらうことが最も効果的であることは否定できません。よって、私見としては、①訴状を目にする機会を有する者が組合員および占有者に限られていること、②訴訟当事者である組合員の氏名、住戸番号、住所その他個人の特定につながる事項が秘匿されていることを最低限の条件として、訴状そのものを利用した組合員への情報提供は許されると考えたいと思っています。

第2章　管理費等の滞納についてのトラブル

Q9 滞納者が死亡した場合、管理組合としてどのように対応すべきか

(1)　築30年以上が経過する私たちのマンションでは、組合員の高齢化が進み、お亡くなりになるケースも増えてきましたが、その後、相続人の間で話合いがつかず、長期にわたって管理費等が滞納されている住戸があります。どのように対応すればよいでしょうか。

(2)　組合員が亡くなったケースにおいて、相続人が見つからず、やはり管理費等が滞納となっている住戸もありますが、この場合の対応も教えてください。

▶▶▶Point

① まずは、相続人を正確に把握する必要があります

② 相続人がいない場合は相続財産管理人の選任を検討します

1 前提──管理費等支払債務の帰趨

死亡した組合員（相続手続との関係では「被相続人」と呼ばれます）が死亡する前から発生していた管理費等の支払義務は、各相続人が、その法定相続分の割合に従って、当然に承継すると解されます。

たとえば、夫である組合員が100万円の管理費等を滞納して亡くなり、その相続人が妻と子ども2人の場合は、管理組合は、①妻に対して50万円、②子どもに対して25万円ずつを請求することになります。

他方、組合員が死亡した後に管理費等の滞納が発生することも珍しくありません。これは、主として、死亡により、その名義の預貯金の口座が凍結された場合に、相続人間で遺産分割協議が成立するまでの間、管理費等の引落しがかからなくなるためです。

32

Q9　滞納者が死亡した場合、管理組合としてどのように対応すべきか

　このような被相続人の死亡後に生じた管理費等の支払義務は、各相続人の不可分債務（民法430）にあたると解されますので、管理組合は、各相続人の１人に対して滞納額の全額を請求することができます。組合員の死亡後に100万円の滞納が生じた場合、管理組合は、妻と子どもたちに対してその法定相続分（50万円と各25万円）を請求することも可能であり、子どものうちの１人に対して全額である100万円を請求することも可能です。

2　まずは相続人の確定をする

　管理費等支払債務の帰趨は上記のとおりですので、管理組合としては、被相続人の出生から死亡までの間のすべての戸籍（除籍）謄本を取得して、戸籍上の相続人を洗い出すことがスタートになります。

　なお、これらの戸籍（除籍）を、戸籍に記載されている者との親族関係がない管理組合が、自ら市町村に対して請求するためには、戸籍法10条の２第１項各号の要件を満たすことを明らかにしなければなりませんが、通常これは容易ではありません。

　よって、これらを職務上請求することが可能な弁護士等に依頼することが簡便です（これに要した費用は、違約金として相続人に対して請求することが可能です（標準60Ⅱ））。

　もっとも、相続人は、家庭裁判所に対し、相続の放棄を申述することができ、相続を放棄した場合には、初めから相続人とならなかったものとみなされます（民法939）。

　よって、相続人を最終的に確定させるためには、家庭裁判所に対し、戸籍上の相続人が相続を放棄していないかどうかなどを照会することが必要となります。

3　相続人がいない場合

　このようにして相続人が判明した場合、前記の考え方に従って、管理費等

33

第2章 管理費等の滞納についてのトラブル

の支払いを請求すればよいことになります。その後の手続は、通常の滞納の
ケースと異なりません。

　他方、相続人がいない場合は、管理組合が債権者としての立場で、家庭裁
判所に対し、相続財産管理人の選任を申し立てる方法があります。法律上、
相続人のいない被相続人の財産は、それ自体が法人に擬制されますが（民法
951）、この法人を管理する機関が相続財産管理人です。

　相続財産管理人が選任された場合、相続財産管理人は、被相続人が区分所
有するマンションを売却するなどして、管理費等を管理組合に対して支払う
ことになります。

　このように、制度としてはシンプルでわかりやすい相続財産管理人ですが、
デメリットとしては、その選任を申し立てる際、管理組合が、予納金として
100万円程度をいったん家庭裁判所に納めることが必要となる場合がある点
です。この予納金は、相続財産管理人の報酬など、相続財産管理の業務の遂
行のために必要な費用にあてられます。

　最終的な被相続人の財産が、予納金の金額を超える場合は、予納者に対し
て支払い（返還）がなされますが、これに満たない場合、予納者の持出しとなっ
てしまいます。

　そして、持出しとなってしまった予納金相当額については、異論もあり得
ますが、私見としては、規約にいわゆる違約金条項（標準60Ⅱ）がある場合
には、違約金として、特定承継人に対して請求することができると考えます。

　なお、相続財産管理人とは別に、特別代理人という制度があります。これ
は、被相続人の財産に関するあらゆる権限を有している相続財産管理人とは
異なり、法的手続ごとに裁判所から選任され、当該手続に関してのみ、本人
の財産に関する権限を有するというものです。この特別代理人の選任に要す
る予納金は、相続財産管理人のそれより大幅に低額であることが通常である
ことから（手続にもよりますが、5万円〜20万円程度が多いようです）、その選
任を申し立てる管理組合の負担は小さくて済むことがメリットです。

34

この点、一般論として、この特別代理人制度は、相続人がおらず、かつ、相続財産管理人が選任されていない場合についても利用可能です。実務上は、訴訟手続や、強制執行手続のうちの債権執行手続においては、相続財産管理人ではなく、特別代理人による対応が認められています。他方、強制執行手続のうちの不動産の競売手続においては、少なくとも東京地方裁判所をはじめとする関東近郊の裁判所の多くでは、特別代理人による対応が認められていませんので、この場合は相続財産管理人の選任を申し立てるほかありません。

第2章 管理費等の滞納についてのトラブル

Q10 滞納者が破産した場合、管理組合としてどのように対応すべきか

　管理費等を長期滞納している方の代理人である弁護士から、管理組合に対し、滞納者が自己破産をする予定であるとの書面が届きました。滞納者が自己破産をした場合、滞納している管理費等を請求することはできなくなってしまうのでしょうか。

▶▶▶Point
① 破産手続そのものによる回収は困難であることが多いでしょう
② 売却により出現する特定承継人に対する請求が重要です

1 破産手続とは

　個人や会社等の法人が、支払いが不可能なほどに債務を負ってしまうという事象は、資本主義経済のもとでは不可避に生じるものであるため、債務者の経済生活の再生の機会の確保を図る必要があります。

　そのため、法律上、各種の倒産法制が整備されており、その中でも典型的な倒産手続が、破産法が規定している破産手続です。

　破産手続とは、要するに、裁判所の関与のもとで、債務者が有する一定以上の財産を公平に債権者に分配し、他方において、債務者が負っている債務を原則として免責することを目的とするものです。

　債務者は、免責を得た債務については、債権者に対して支払う責任を負いません。

2 破産手続における管理費等請求権の取扱いの帰趨

　債権者が破産者に対して有する債権は、破産手続においては、その債権と

36

しての性質や、公益的な理由などにより、破産債権と財団債権とに大別され、異なる扱いを受けます。

まず、破産債権とは、破産手続開始決定（かつては「破産宣告」と呼ばれていました）より前の原因に基づいて生じた債権であって、財団債権に該当しないものをいいます。破産債権は、免責の対象となるため、破産者は、免責決定後は、破産債権である債務については、支払う責任を負いません。管理組合が有する管理費等請求権も、破産手続開始決定前に生じたものについては、破産債権として扱われます（厳密には、優先的破産債権として扱われますが、本稿では説明を省略します）。たとえば、「管理費等の当月分を前月25日までに支払う」という規約の定めがある場合において、破産手続開始決定が「平成28年10月15日午後4時」になされた場合、「平成28年9月25日までに支払うべき、10月分の管理費等」までの滞納分に関する債権については、破産債権として免責の対象となります。

他方、財団債権とは、破産法上、「破産手続によらないで破産財団から随時弁済を受けることができる債権」と定義されている債権です。さまざまな債権のうち、破産手続の円滑な進行や政策的な配慮などの理由により、時期的にも、順位的にも、破産債権よりも優先して弁済されるべきと考えられるものが、財団債権として扱われます。そして、管理費等請求権のうち、破産手続開始決定後に生じたものについては、財団債権に該当すると解されています。よって、この分については、裁判所から選任された破産管財人から支払いを受けることになります。

３ 特定承継人との関係

(1) 通常は特定承継人に対する請求によって回収する

滞納者に対する破産手続の開始をきっかけとして、当該マンションの区分所有権が特定承継人に譲渡されることがあります。破産管財人によって当該マンションが第三者に売却されることがその典型例です。

第2章 管理費等の滞納についてのトラブル

　管理組合は、特定承継人に対しても、滞納者に対する管理費等請求権を行使することができますが、ここでいう特定承継人に対しても行使できる債権には、前述の財団債権にあたる債権のみならず、前述の破産債権にあたる債権も含まれると解されます。なぜなら、確かに、破産債権にあたる債権については、前述のとおり、滞納者本人については免責の対象となりうるものですが、免責の効果を受けられるか否かの判断は、当該滞納者本人の債務を抱えるに至った事情等の属人的な事情を考慮して行われるものであることから、免責の効果も属人的、すなわち、当該滞納者本人にしか及ばないと解されるからです。

　よって、管理組合は、特定承継人に対しては、破産手続の結果にかかわらず、管理費等請求権のすべてを行使することが可能です。実務上は、破産者本人には支払能力がないことがほとんどですから、この特定承継人に対する請求によって債権の回収を図ることになります。

(2)　特定承継人が出現しない場合もあります

　もっとも、次のような場合には、マンションが第三者に売却されず、特定承継人が出現しないことがあります。その場合、滞納管理費等の回収は容易ではありません。

　前述のとおり、破産手続は、債務者の経済生活の再生の機会の確保を目的とするものですが、その前提として、債権者に対し、債務者の財産が公平に分配される必要があります。そのため、破産手続においては、これを破産者に代わって行う機関として、裁判所から破産管財人が選任され、同人によって手続が進められることが原則とされています（管財事件）。このような管財事件においては、破産管財人は、債権者への配当原資（これを「破産財団」といいます）であるマンションについて、任意売却を試みることになりますが、これが成功した場合、管理組合の立場からすれば、特定承継人が出現してくれることになります。

　もっとも、いったんは管財人が選任されたものの、結局、破産財団からは

38

Q10 滞納者が破産した場合、管理組合としてどのように対応すべきか

破産手続を維持する費用（破産管財人の報酬など）も支出できず、債権者への配当が見込めない場合には、破産手続は終了します（これを「異時廃止」といいます）。この場合、破産手続においては、特定承継人が現れないことになります。

また、破産手続は、一定の期間内に終了させることが必要であるところ、オーバーローンであったり、任意売却が困難な事情が存在する場合には、破産管財人は、やむを得ずマンションを破産財団から放棄することがあります。かかる放棄が行われた場合も、破産手続においては、特定承継人が現れないことになります。

さらに、破産手続の申立て時において、そもそも破産手続を維持して完遂するに足りる破産財団の形成が見込めない場合には、破産手続開始決定と同時に、破産手続を終了することが認められています（これを「同時廃止」といいます）。

このような同時廃止事件では、そもそも破産管財人が選任されませんので、破産管財人による任意売却による特定承継人の出現は見込めません。

(3) 実際には競売による特定承継を待つことになることが多い

このような、①管財事件における異時廃止、②管財事件における財団放棄、③同時廃止のケースでは、実際には、抵当権者が存在することがほとんどであるため、管理組合としては、かかる抵当権者による競売の申立てと、これによる競落人という特定承継人の出現を待つことになるでしょう。

┌─ コラム① ─ 免責後の破産債権部分に対する時効中断措置 ─

　管財人によってマンションが財団から放棄された場合、抵当権者による競売等がなされない限り、破産者である滞納者が引き続き区分所有者の地位にとどまります。この状態が長く続く場合、管理組合としては、管理費等支払請求権の消滅時効の中断を図る必要が生じます。

　しかし、破産手続開始決定前に生じた請求権は免責の対象となりますから、たとえば、支払期日が「当月分を前月25日まで」と規約等で定められている場

39

第2章　管理費等の滞納についてのトラブル

合、平成25年11月1日に決定がなされた事案では、平成25年10月25日までに
支払うべき11月分の滞納分まで（以下、「本件対象分」といいます）については、
破産者は、管理組合に対して、これを支払う責任を負いません。そうすると、
管理組合は、破産者に対し、本件対象分の時効の中断を図るためにその支払
いを求めて訴訟を提起しても、請求は棄却されることになり、これでは時効
中断効は生じません。

　この点、管理費等が問題となった事案ではありませんが、最高裁平成11年
11月9日判決は、免責を受けた債権については、もはや消滅時効期間の進行
を観念できないと判示しています。よって、本件対象分についても、少なく
とも特定承継人が区分所有権を取得した時点までは消滅時効期間は進行せず、
ゆえに、管理組合としては、特定承継人が出現した時点で、速やかに時効中
断措置をとれば足りるものと考えます。

40

Q11 滞納者が行方不明の場合、管理組合としてどのように対応すべきか

管理費等の滞納者がいるのですが、ここ2年間ほど、滞納者と連絡が全くとれません。当該住戸も空き家となっています。滞納者の親族等や勤務先に関する情報もありません。このまま滞納額が増えていくと困るのですが、どうしたらよいでしょうか。

▶▶▶Point

・ 行方不明の場合であっても、時効の中断などの法的措置をとることは可能です

1 行方不明のままでも法的措置は可能

管理費等の滞納者が行方不明であるという事態は、さほど珍しくありません。しかし、本当に行方不明なのであれば、以下に述べるとおり、これを前提として法的措置をとることが可能です。

2 訴訟の提起

行方不明の滞納者に対して、とにかくまずは管理費等支払請求権の消滅時効を中断する必要があるとして、訴訟を提起することがよくありますので、この点について説明します。

(1) 送達手続の意義

訴訟は、訴えを提起した者（原告）が主張する権利義務または法律関係の存否について、裁判所という公権力が判断を下すという手続であることから、当事者、特に、訴えを提起された被告に対し、反論（防御）の機会を十分に与えて、その手続を保障する必要があります。

41

第2章 管理費等の滞納についてのトラブル

かかる被告の手続保障は、何よりもまず、原告の主張を記載した訴状等の重要書類を被告に対して送付することによって、被告に対し、「自分は、何ゆえに訴えられたのか」を知る機会を与えるところからスタートします。そのため、訴訟は、訴状等が被告に対して「送達」されて初めて係属し、審理をスタートすることができるという制度になっています。

(2) 公示送達とは

送達の種類にはいくつかありますが、特別送達という厳重な方式による郵便にて行い、被告本人がこれを受領するというのが原則的な方法です。

しかし、被告が行方不明である場合には、この方法による送達は不可能です。そのような場合であっても、原告の裁判を受ける権利を保障するために認められているのが、公示送達です。公示送達は、訴状等を裁判所書記官が保管している旨などを記載した書面を、裁判所の掲示板に2週間掲示し、これが経過すると、訴状等が被告に対して送達したものと扱われるという制度です。

(3) 公示送達が認められる要件

公示送達が認められるためには、被告の住所、居所その他送達すべき場所（就業場所等）が不明であることなどの要件を満たすことが必要です。

もっとも、これらの要件を満たすかどうかの判断のための調査は、実務上は原告の責任とされています。そのため、原告である管理組合としては、具体的には、①住民票の写しの取得や、②現地調査（電気やガス等のライフラインの作動状況、郵便ポストのたまり具合、隣接住戸への聴取りなど）などを行い、その結果を報告書にまとめて提出する必要があります。

(4) 公示送達後の手続

公示送達による送達が完了すると、審理が開始されます。通常、被告が現実に裁判所に出廷することは考えられないため、原告の主張するとおりの請求をすべて認容する判決が言い渡されることがほとんどです。

42

(5) 結　論

このように、滞納者が行方不明の場合であっても、訴訟を提起して判決を得て、管理費等支払請求権の消滅時効を中断することは可能です。

3　強制執行手続

不動産の競売手続や、賃料等の債権差押手続などの強制執行手続においても、訴訟の場合と同様に、裁判所による当該手続の開始決定が債務者に対して送達される必要があります。そして、かかる送達においても、訴訟の場合と同様に、前述の要件が満たされる場合には、当該手続の開始決定が債務者に対して公示送達により送達され、強制執行手続を全うすることが可能となります。実際、債務者が行方不明の状態のまま、公示送達によってマンションを競売にかけるというケースは、それほど珍しいものではありません。

┌ コラム②　相手方が外国にいる場合の送達 ─────

近時、外国に生活拠点のある日本人および外国人による管理費等の滞納事件が増えています。しかし、日本の裁判権は外国には及ばないため、日本の郵便事業者や執行官が送達を実施することができませんから、この場合の送達は、当該外国の当局に対して嘱託するか、または当該外国に駐在する日本国の大使等に嘱託して行うほかありません（なお、台湾や北朝鮮などの国交のない国については、このような送達もできませんので、公示送達によるほかありません）。

このように厳格な方法によって行われる送達ですから、送達の完了までには3カ月から1年を要することが多いようです。また、送達に要した費用については、実際の送達方法に応じて、原則としてまずは原告（申立人）が予納することになり、数十万円の予納を求められた事例もあるようです。

第2章 管理費等の滞納についてのトラブル

Q12 滞納者が認知症である場合、管理組合としてどのように対応すべきか

管理費等を滞納している方がいるのですが、高齢で、数年前から認知症を患っているようであり、最近はもう自分で財産を管理できる状態にはないようです。滞納者は最近施設に入居されましたが、遠方に、滞納者の緊急連絡先として管理組合に届け出られている息子さんが1人いることがわかっています。しかし、息子さんは、滞納については「自分は関係ない」と言うばかりで、らちがあきません。どうしたらよいでしょうか。

▶▶▶Point
① 滞納者が認知症であっても、法的措置をとること自体は可能です
② 成年後見制度の活用も視野に入れてみましょう

1 認知症の滞納者に対する法的措置

滞納者に対する管理費等請求訴訟などの民事訴訟においては、被告がその利益を不当に侵害されないようにするため、被告に訴訟能力があることが必要とされています。ここで、訴訟能力は、原則として民法上の行為能力によって定まることから、たとえば、認知症により、自らの財産を適切に管理することが困難な状態にある方は、行為能力がなく（成年後見の対象）、訴訟能力もないと判断される可能性があります。

もっとも、このような場合においても、原告の裁判を受ける権利を保障する必要があることから、訴訟の原告は、裁判所に対し、被告に対して特別代理人を選任するよう申し立てることができます。特別代理人とは、当該訴訟手続限りで任命される、被告の代理人であり、被告の利益が不当に害される

44

ことのないよう、訴訟を追行する役割を果たします。このような重責を担うことから、特別代理人は、弁護士の中から選任されます。

　特別代理人の選任を申し立てるにあたっては、その報酬に相当する金銭を、あらかじめ原告が裁判所に予納する扱いとなっています（裁判所や手続によって金額は異なりますが、5万円〜20万円程度です）。この予納金については、原告が訴訟に勝訴した場合には、その判決とあわせて、これを被告の負担とする旨の判決が言い渡されるのが通例です。

　このように、滞納者が認知症のために訴訟能力を欠く場合であっても、滞納者に対して訴訟を提起することは可能であり、このことは、訴訟以外の強制執行手続などにおいても同様です。

2 成年後見制度の活用も視野に入れる

　ところで、滞納者が認知症で、その症状が重い場合には、本来的には、滞納者に対して家庭裁判所が成年後見人を付して、その財産を適切に管理していくことが予定されています。成年後見人が就任した場合、同人が滞納者（成年被後見人または本人と呼びます）の財産の中から、管理組合に対し、管理費等を支払っていくことになるのです。特に、弁護士等の専門職が成年後見人に就任した場合、本人の財産管理の一環としてマンションを売却するなどして、滞納問題が抜本的に解決することも少なくありません。

　ところが、ここで問題があります。それは、成年後見人は、家庭裁判所における後見開始の審判によって付すことができるところ、この審判を申し立てることができるのは、民法上、本人の配偶者や親族等に限られており、管理組合などの債権者には申立権がないという点です（家庭裁判所が職権で審判を行うことも認められていません）。本設問では、本人の息子さん（申立権があります）の協力を得ることが難しいようですので、その意味では、成年後見制度の活用は容易ではないでしょう。

　しかし、滞納者が①65歳以上の者、②知的障がい者、③精神障がい者の

第2章 管理費等の滞納についてのトラブル

いずれかに該当する場合には、事案によっては、老人福祉法、知的障害者福祉法または精神保健及び精神障害者福祉に関する法律に基づき、市町村長が後見開始の審判を申し立ててくれることがあります。よって、本設問においても、この点を確認のうえ、地域包括支援センターや市町村へ相談して、成年後見制度の活用について検討されることをお勧めします。

Q13 滞納管理費等が時効によって消滅することをどうすれば防げるか

もう４年10カ月もの間、管理費等を１円も支払うことなく滞納している方がいます。最近は、面談にも応じてくれません。ところで、管理費等は、滞納開始から５年が経ったら時効にかかり、請求できなくなると聞きましたが、本当でしょうか。また、管理組合としては、これからどのように対応したらよいでしょうか。

▶▶▶Point

① 管理費等支払請求権の消滅時効は発生から５年間で完成します

② 訴訟の提起等の措置をとることにより時効は中断（リセット）します

1 消滅時効は５年間

通常の管理費等支払請求権は、発生から５年間これを行使しないと、消滅時効が完成すると解されています（民法169。最判平成16年４月23日）。よって、たとえば、平成24年10月27日が支払期日である、平成24年11月分の管理費等支払請求権は、平成29年10月27日の経過をもって、消滅時効が完成します。

2 時効は援用をもって初めて効力を生じる

もっとも、時効制度は、その適用を潔しとしない当事者の意思をも尊重する観点などから、当事者がこれを援用して初めてその効力が生じます（民法145）。よって、たとえ管理費等支払請求権の消滅時効が完成したとしても、滞納者がこれを援用しない限り、管理費等支払請求権は消滅しません。実務上は、滞納者が訴訟の期日に出廷しないため、消滅時効の援用がなされず、管理費等支払請求権が消滅せずにすむケースも珍しくありません。よって、

47

第2章 管理費等の滞納についてのトラブル

管理組合としては、あきらめずに対応することが大切です。

③ 時効の中断方法

とはいえ、管理費等の支払状況を適切に管理し、消滅時効を完成させないことが重要であることはいうまでもありません。消滅時効を完成させないためには、時効の中断措置をとることが必要です。ここで「中断」とは、経過した時効期間が振り出しに戻る（リセットされる）という意味です。実務上、よく利用される時効の中断措置は以下のとおりです。

(1) 訴訟の提起（民法147①）

訴状を裁判所に提出した時点で時効が中断します。なお、判決で認容され、確定した部分については、その消滅時効の期間は10年に延長されます（民法174の2Ⅰ）。たとえば、平成26年1月分から平成27年12月分までの管理費等支払請求権について判決でその支払請求が認容され、これが平成28年5月10日の経過によって確定した場合、これら24カ月分の管理費等支払請求権は、平成38年（2026年）5月10日が経過するまで、消滅時効は完成しません。

(2) 承認（民法147③）

滞納者自らが債務の存在を認めることにより、時効が中断します。実務上は、滞納期間を明記した書面に、滞納者本人の署名、押印をもらうことによって、承認の事実を証拠化することが通例です。承認は、コストがほとんどかからない時効中断措置ですので、可能であれば積極的に活用すべきです。

なお、長期にわたる滞納者が、1カ月分やそれに満たない少額を弁済した場合に、これまでの滞納額全額について承認したものとして、全期間について時効が中断するか否かが問題となることがあります。最終的には、一部弁済時における滞納者の意思の解釈の問題となるため、結論の予想は容易ではありません。管理組合としては、これに安堵することなく、明確な中断措置を別途とるべきと考えます。

48

(3) 時効完成後の承認

なお、これに関連して、5年間の消滅時効期間が完成した後に、滞納者が時効期間完成後の債務についても承認した場合については、滞納者は、信義則上、消滅時効の完成を援用できないため、管理費等支払請求権は消滅しません（最判昭和41年4月20日）。

(4) 催告（民法153）

滞納者に対し、管理費等の支払いを求める内容証明郵便を送ることにより、時効が中断したと考えている管理組合が稀にありますが、誤りです。このような、裁判上の手続を経ない請求は、法律上は催告にとどまり、これを行ってから6カ月以内に、訴訟の提起等の裁判上の手続を申し立てなければ、時効中断の効力は生じませんので注意が必要です。

4 結 論

本設問では、時効の完成まで2カ月しか時間がありません。すぐに訴訟の提起等が可能であればこれを行うべきですが、そのための総会の招集等が必要となる場合には、まず、配達証明付きの内容証明郵便を送付して前記の「催告」を行ったうえで、可及的速やかに訴訟の提起等の正式な時効の中断措置をとるべきです。

5 民法改正との関係

なお、「民法の一部を改正する法律」が、平成29年5月26日に国会において可決成立し、原則として平成32年（2020年）4月1日に施行されます。

この改正により、本稿で述べた「時効の中断」は「時効の完成猶予」に、そしてその後の新たな時効の進行は「時効の更新」と名前が変わるほか、時効の完成猶予事由も整理されるなど、実務に影響が生じ得ますので、注意してください。

第2章 管理費等の滞納についてのトラブル

Q14 滞納者の住戸を競売にかける場合、何に注意すべきか

　長期間にわたって管理費等を滞納している方がおり、まじめにこれらを支払っている組合員からは、自宅を競売にかけてでも、きちんと回収すべきだとの声が強まっていますが、競売は、きちんと手続さえ踏めば、成功するものなのでしょうか。

▶▶▶Point
① 無剰余取消制度に注意が必要です
② 先取特権に基づく競売は要件が加重されている点も注意が必要です

1 競売を申し立てる方法は2通りある

　滞納管理費等を回収する方法の1つとして、滞納者の専有部分に対する区分所有権並びに敷地権および共用部分に対する各（準）共有持分権（以下、本書では、便宜上、これらをあわせて「専有部分等」といいます）を競売にかけ、競落代金や競落人（特定承継人）から回収する方法がありますが、管理組合が競売を申し立てる方法としては、以下の2通りがあります。

　(1) 不動産強制競売

　まず、オーソドックスな方法としては、管理費等請求訴訟を提起し、勝訴判決を得てこれを確定させたうえで、この判決に基づいて競売を申し立てる方法です（この場合の競売を不動産強制競売と呼びます）。

　(2) 担保不動産競売

　他方、管理組合が滞納者に対して有する管理費等請求権は、法律上当然に先取特権という担保権によって保護されていることから（法7）、この先取特権に基づき、訴訟等を経ることなく、競売を申し立てる方法もあります（こ

50

Q14 滞納者の住戸を競売にかける場合、何に注意すべきか

の場合の競売を担保不動産競売と呼びます）。よくある例として、住宅ローンの抵当権者である銀行は、ローンの返済が滞った場合、抵当権を実行して不動産を競売にかけますが、このとき、訴訟等を経ることはありません。この場合の抵当権と同じ効力が、先取特権についても認められているのです。

2 無剰余取消し

いずれの競売についても、①申立て時に予納金（一般に60万円以上です）を裁判所にいったん納める必要があること（競落代金からの回収が予定されています）、②競落代金は任意売却時の6～7割程度にとどまることが通例であるため、債権を回収しきれないリスクがあること、③コミュニティへの影響が生じうること（特に滞納者が当該専有部分に居住している場合）などのリスクがありますが、一番のリスクは、何と言っても④無剰余取消し（民事執行法63）のリスクです。

無剰余取消制度について、以下の事例に基づいて説明します（便宜のため、手続費用については考慮しないものとします）。

Ⓐ 事例1
- 専有部分の買受可能価額（裁判所が設定した、落札が許される最低限の価格）は1000万円
- 管理組合の債権額は200万円
- 登記された抵当権者の債権額は900万円

Ⓑ 事例2
- 専有部分の買受可能価額は800万円
- その他は事例1と同じ

まず、事例1においては、管理組合に優先する債権者である抵当権者が、900万円の債権額全額について回収することが可能であるため、何の問題も

51

ありません。

　他方、事例2においては、抵当権者は、900万円の債権のうちの800万円しか回収できないことになります。この場合、抵当権者の立場からすれば、「もっと良い時期に競売を行うことができれば、この競売で債権額全額を回収できたかもしれないのに」と考えるでしょう。このような、競売を申し立てた債権者（本件では管理組合）に優先する債権者（本件では抵当権者）の、競売申立時期を自由に選択する利益を保護するため、買受可能価額が優先債権者の債権額を下回るときは、原則として、せっかく申し立てた競売手続が取り消されてしまうのです。これを無剰余取消しと呼んでいます。

　管理費等の滞納者の中には、専有部分に抵当権（その多くは住宅ローンです）の設定を受けている者が多いことから、実務上は、管理組合が滞納者の専有部分の競売を申し立てようとした際に、この無剰余取消しが大きな壁となるのです。

3　不動産強制競売の注意点

　不動産強制競売（判決等に基づく競売）の注意点としては、そのままでは競落代金からの配当の対象が限定されてしまうという点があげられます。たとえば、判決によって認容された管理費等支払請求権の範囲が、平成24年1月分から平成26年12月分までの36カ月分であるとすると、平成27年6月に不動産強制競売の申立てを行った場合、その配当の対象となるのは、前記36カ月分に限られます（また、違約金としての弁護士費用を滞納者に対して請求することができる旨の規約の定めがある場合における、競売申立てに要した弁護士費用も、判決の対象となっていない以上、このままでは配当の対象とはなりません）。管理組合が、判決の対象となっていない平成27年1月分以降の管理費等支払請求権等についても配当の対象としたい場合には、競売の申立てとは別に、配当要求という手続を行うことが必要となります。もっとも、配当の対象とはならなくとも、競落人（特定承継人）に対してこれらを請求するこ

とはもちろん可能です。

4 担保不動産競売の注意点

担保不動産競売の申立てが認められるためには、「専有部分及び共用部分に備え付けられた債務者の財産（動産）に対する強制執行によっては、債権全額を回収することはできないこと」を立証しなければなりません（民法335）。この要件は、不動産強制競売の申立てにはないものです。管理組合としては、①専有部分の状況（空き家か否か）、②これまでの債務者との交渉状況、③債権額の多寡などの事情を裁判所に対して説明し、この要件を立証することが必要となります。そのため、この要件の立証が困難であると考えられる場合には、まずは訴訟によって判決を獲得するなどしたうえで、これに基づき、不動産強制競売の申立てを行うことが妥当です。

5 結　論

以上のとおり、競売は、必ず成功するというものではありませんので、事前にそのリスク、特に無剰余取消しのリスクについてきちんと検討することが不可欠です。

第2章 管理費等の滞納についてのトラブル

Q15 管理費等の滞納を理由とする59条競売請求は認められるか

> 管理費等を長期にわたって滞納している方がおり、時効中断のために すでに2回も訴訟を行いましたが、全く入金がありません。弁護士に相 談したところ、この方の専有部分には高額な抵当権が設定されているこ とから、通常の競売手続を成功させることは難しいとのことでした。そ のほか、この方のめぼしい財産は見当たりません。管理組合としては、 このまま事態の推移を見守る以外に方法はないのでしょうか。

▶▶▶ Point

① 最後の手段として59条競売請求を検討することになります

② 59条競売請求訴訟はハードルも高くリスクもあることに注意すべきで す

1 59条競売を検討する背景事情

管理費等の滞納者が、任意にこれを支払わない場合、管理組合としては、 やむを得ず、強制執行手続により、債権の回収をめざすことになります。し かし、わが国の強制執行制度は、残念ながら、お世辞にも実効性が高いとは 評価できないものです。また、そもそも、強制執行の対象となる財産を有し ない債務者に対しては、手の打ちようがありません。

この点、管理費等の滞納者は、その性質上、マンションの専有部分等を有 しているのですから、これに対する強制執行（競売）を申し立てることで、 事態は解決するとも思えます。

しかし、実際には、無剰余取消制度の存在により、競売は必ずしも功を奏 するとは限りません。このことは、Q14で述べたとおりです。

54

Q15　管理費等の滞納を理由とする59条競売請求は認められるか

そのため、管理費等の滞納者に対しては、通常の方法では、競売をはじめとする強制執行がうまくいかないことが珍しくありません。

2　滞納を理由とする59条競売請求の可否

このような事情を背景として、実務上、管理費等の滞納を理由とする、区分所有法59条に基づく競売請求訴訟が提起され、争われてきました。同条は、区分所有者による迷惑行為の程度がひどく、この者を共同生活から排除しなければ共同生活の維持が困難と認められる場合に、最後の手段として、判決により、当該迷惑行為者の専有部分等を競売にかけることを認めており、この場合の競売のことを59条競売などと呼んでいます。この59条競売については、前述の無剰余取消制度の適用がないと解されていることから（東京高決平成16年5月20日）、まさに滞納問題に対する最後の手段として、59条競売の活用が検討されてきたのです。

もっとも、区分所有法59条は、元来、暴力団事務所としての使用や、いわゆるニューサンス（騒音、悪臭等）を想定したものだったため、管理費等を滞納することがその要件を満たすかどうかが訴訟における争点となりました。この点、従前の裁判所の判断の傾向としては、当該区分所有者による管理費等の滞納が原因で、管理組合の運営に支障を来していることの立証を求めるなど、単に長期間にわたって管理費等を滞納しており、その金額が高額となっているだけでは、区分所有法59条の要件を満たさないとするものが多かったと思われます。

しかし、近時、東京地方裁判所を中心に、滞納期間や滞納金額、滞納者の対応などを総合的に考慮して、区分所有法59条の要件を満たすとして、請求を認容するものがみられるようになってきています。たとえば、東京地裁平成26年7月15日判決は、①競売によって平成24年8月15日に区分所有権を取得した者が、平成25年12月末日時点で、前区分所有者の未払管理費等の承継分約250万円と、区分所有権取得後の管理費等約70万円とを滞納して

55

第2章　管理費等の滞納についてのトラブル

いた事案において、②管理組合が訴訟を行ったうえで区分所有権の競売を申し立てたが無剰余取消し（Q14を参照）により功を奏しなかったことや、③被告（滞納者）が抽象的に管理費等の支払義務について争うにとどまっているなどの事情を考慮して、59条競売請求を認容しました。

3 59条競売のリスク

とはいえ、59条競売は、(区分)所有権のはく奪を伴うという点で、債務者（滞納者）に与える影響は甚大であることから、これが認容されるための要件は極めて厳格であり、管理組合による立証のハードルは高いといえます。また、近時、59条競売に関する最高裁判所の判断が相次いでおり、新たにさまざまな角度からの検討も必要となってきているのが現状です。管理組合としては、59条競売請求訴訟の提起にあたっては、慎重に対応することが必要です。

Q16 すでに区分所有者ではなくなった特定承継人（中間取得者）に対して、滞納管理費等を請求できるか

Q16 すでに区分所有者ではなくなった特定承継人（中間取得者）に対して、滞納管理費等を請求できるか

管理費等の滞納者Aさんの住戸が競売となり、不動産業者Bが落札しましたが、Bは、Aが滞納した管理費等の支払いに応じません。そうこうしているうちに、このBは一般の方であるCさんに住戸を売却してしまいました。Cさんは家族でお住まいのきちんとした方ですので、管理組合としては、心情的に、Aさんのもとで滞納された管理費等を、CさんではなくBに対して請求したいのですが可能でしょうか。

▶▶▶Point

・ 中間取得者に対しても請求できることを前提に対応すべきです

1 特定承継人の義務

管理費や修繕積立金といった経費は、マンションを維持管理していくうえで必要不可欠であることから、区分所有法は、これを一般の貸金債権などと比べて、特に保護する規定をおいています。その1つが、管理費等支払請求権について、先取特権という法律上当然の担保権を認めた点であり（法7）、もう1つが、滞納者の特定承継人（買主など）に対する請求をも認めた点です（法8）。

実務上も、滞納者本人は、通常、支払能力がありませんので、その特定承継人に対する請求によって滞納管理費等の回収を図ることが多くなっています。

2 中間取得者に対する請求の可否

それでは、管理組合は、いったん滞納者Aの特定承継人となったが、現時

57

点ではすでに区分所有者たる地位を喪失したＢのような立場の者（一般に「中間取得者」などと呼ばれます）に対して、なおＡの特定承継人としての責任を追及することができるのでしょうか。

この点、昭和の後半や平成の初期の裁判例には、中間取得者の責任を否定するものが複数みられます。その主たる理由は次のとおりです。すなわち、特定承継人に対する請求の実質的な正当化根拠を、区分所有権がその引当てとなっていることに求め、それゆえ、すでに区分所有権を喪失した中間取得者に対する請求は実質的な正当化根拠を欠くことから許されない、というものでした。学説にも、同様に中間取得者の責任を否定するものがあります。

しかし、区分所有法８条は、責任を負うべき者について、単に「特定承継人」と規定するのみであり、「現に区分所有権を有している特定承継人」に限定していません。また、中間取得者の責任を否定してしまうと、せっかく区分所有法が管理費等支払請求権を特に保護しようとした趣旨を没却してしまいます。近時の裁判例においても、このような趣旨から、中間取得者の責任を肯定したものが相次いでいます（東京地判平成20年11月27日、大阪地判平成21年3月12日など）。

よって、管理組合の立場としても、中間取得者に対する請求が認められることを前提とした対応をするべきです。

Q17 駐車場使用料やインターネット使用料などを特定承継人に対して請求できるか

Q17 駐車場使用料やインターネット使用料などを特定承継人に対して請求できるか

管理費等の長期滞納者が住戸を売却されたので、新たに区分所有者となった方に滞納管理費等の支払いを請求したのですが、その方から、「滞納分のうち、管理費と修繕積立金は支払うが、駐車場使用料とインターネット使用料については、法律上、自分は支払義務を負わないはずだから、払わない」と言われています。この方の主張は正しいのでしょうか。

▶ ▶ ▶ Point

① 見解は分かれていますが、近時は承継肯定説が有力です

② 理事の善管注意義務違反を問われないためにも、承継されることを前提に請求すべきです

1 区分所有法8条1項の規定

近代市民社会においては、人や法人は、原則として、他人の債務についての支払義務を負わせられることはありません。その例外は、自ら他人の債務についての支払義務を負うことを了承した場合（保証債務など）や、法律に特別の規定がある場合です。

後者の例として、区分所有法8条1項があります。同条項は、「前条第1項に規定する債権は、債務者たる区分所有者の特定承継人に対しても行うことができる」と規定しており、ここでいう「前条第1項に規定する債権」とは、同法7条1項が規定する債権である、①共用部分、建物の敷地もしくは共用部分以外の建物の附属施設につき他の区分所有者に対して有する債権、②規約もしくは集会の決議に基づき他の区分所有者に対して有する債権をいいます。また、「特定承継人」とは、相続等の包括承継人ではない承継人を意味し、

59

第2章 管理費等の滞納についてのトラブル

具体的には、滞納者から住戸を購入（競売を含みます）した者などがこれにあたります。

このように、管理組合が滞納者に有する債権は、区分所有法によって特別に保護されているのです。

2 8条1項所定の債権にあたるもの

以下の債権については、区分所有法8条1項所定の債権にあたり、特定承継人に対して請求できることに争いはありません。

① 管理費

② 修繕積立金

③ 違約金としての弁護士費用

④ これら①～③の遅延損害金

3 いわゆる使用料——使用料の種類

これに対し、いわゆる使用料については、区分所有法8条1項所定の債権（前記2の債権）にあたるかどうかについて議論があるものがあります。以下詳述します。

使用料は、物権的使用料と債権的使用料とに大別して考えることができます（ただし、この呼称は、後述の結論からすればミスリーディングな側面がありますので注意してください）。

(1) 物権的使用料

物権的使用料と呼ばれる使用料は、区分所有者というヒトではなく、専有部分というモノに付随する使用料のことだと考えればよいでしょう。具体的には、専用庭使用料やルーフバルコニー使用料などがこれにあたります。要するに、「その専有部分の区分所有者以外の者が使用することが想定されていない」モノ（場所）に関する使用料のことです。

かかる物権的使用料については、区分所有法8条1項所定の債権にあたる

ことに争いはありません。

(2) 債権的使用料

これに対し、債権的使用料と呼ばれる使用料は、物権的使用料と異なり、当該専有部分の区分所有者たる地位に当然に付随するものではなく、個別の契約行為等を通じて初めて発生する使用料をいいます。こちらは、専有部分というモノではなく、区分所有者というヒトに付随するものであるということができます。具体的には、駐車場使用料や駐輪場使用料の多くがこれにあたります。

4 駐車場使用料は8条1項所定の債権にあたるか

この点、駐車場使用料は前述の債権的使用料にあたることから、区分所有法8条1項所定の債権にはあたらないとする見解もあります。この見解は、駐車場使用料は、あくまで、個別の駐車場使用契約という契約行為によって生じるものであるから、その債務者は契約当事者本人に限られるとするものです。

しかし、駐車場は区分所有者全員の共有に属する敷地に含まれることが通常であるところ、その管理の一環として、駐車場使用契約者から使用料を徴収し、その管理のための費用に充てることは、区分所有者全員の利益になることであり、この点は、管理費や修繕積立金と何ら変わりはありません。

よって、一般的な駐車場使用料についても、区分所有法8条1項所定の債権にあたると解すべきです。近時は、このような見解の裁判例が増えています（東京高判平成21年3月25日など）。

5 インターネット使用料は8条1項所定の債権にあたるか

近時、インターネットの普及に伴い、規約において、その利用の有無にかかわらず、一定額のインターネット使用料を徴収する管理組合が増えています。

第2章 管理費等の滞納についてのトラブル

かかるインターネット使用料が区分所有法8条1項所定の債権にあたるか否かについては、いまだ議論が深まっていないきらいがありますが、インターネット使用料は前述の区別でいえば物権的使用料ということができることや、全戸においてインターネットの利用が可能ということ自体が区分所有者全員の利益であるということが可能であることなどに照らし、区分所有法8条1項所定の債権にあたると考えるべきでしょう。

裁判例においても、インターネット使用料が区分所有法8条1項所定の債権にあたると判断したものがあります（広島地判平成24年11月14日）。

6 結 論

以上の次第ですので、管理組合の理事の立場としては、駐車場使用料もインターネット使用料も、いずれについても特定承継人に対して請求できることを前提とした対応をとるべきでしょう。これを漫然と怠った場合、理事の管理組合に対する善管注意義務違反の問題が生じてしまうリスクもありますから、注意が必要です。

Q18 まだ履行期が到来していない将来の管理費等について、訴訟で支払いを求めることができるか

当管理組合には悪質な滞納者がおり、もう4年もの間、1円も支払っていません。消滅時効も近くなってきたので、訴訟を提起しようと検討を始めたのですが、理事の1人から、「今後もずっと払わないだろうから、将来支払うべき管理費等についても請求しよう。そのような方法もあるはずだ」との意見が出されました。まだ支払期日が到来していない管理費等についてもその支払いを請求することが可能なのでしょうか。

▶▶▶ Point

① 管理費等の支払いについては将来給付請求が認められることが多いです

② 弁済期未到来の部分の消滅時効期間は10年間に延長されない点に注意が必要です

1 将来給付請求とは

管理組合が当事者となる訴訟としては、原告として行う管理費等請求訴訟や、組合員から訴えられて被告として行う総会決議無効確認請求訴訟などがありますが、このうち、前者のように、原告が被告に対する何らかの義務の履行を求める訴えの類型のことを給付の訴えといいます（他方で、後者のような訴えの類型のことを確認の訴えといいます）。

このような給付の訴えのうち、請求の対象である義務の履行期がいまだ到来していないもの（厳密には、事実審の口頭弁論終結時までに到来していないもの）を、特に将来給付の訴えといいます。

63

第2章 管理費等の滞納についてのトラブル

2 管理費等については将来給付請求が認められることが多い

(1) 将来給付請求の要件

このような将来給付請求は、あらかじめその請求をなす必要がある場合にのみ認められます（民事訴訟法135）。これは、被告の側に立って考えれば当然のルールです。すなわち、被告としては、いまだ法的に義務を履行すべき時期が到来していない時点においては、原則として、その履行を強制されるいわれはないからです。

(2) 認容事例

ここでいう「あらかじめその請求をなす必要」は、①被告（義務者）が現時点において義務の存在そのものやその内容（履行期など）を争っており、将来におけるスムーズな義務の履行が期待できない場合や、②継続的または反復的給付について、現に履行期にある部分について不履行がある場合などに肯定されます。

管理費等の支払義務は、ここでいう②に該当しますので、判決において将来給付請求が認められることが多くなっています。

具体的には、「被告は、原告に対し、平成30年1月以降被告が別紙物件目録記載の建物の区分所有権を喪失するまでの間、毎月27日限り、○○円を支払え」（遅延損害金は省略）という判決主文になることが多いでしょう。

(3) 将来給付請求のメリット

この判決が確定した場合、管理組合は、これに基づき、たとえば、平成32年5月1日に、平成30年1月分から平成32年4月分の管理費等の滞納を理由として競売を申し立てることができます。

他方、債務者の立場としては、仮に、「自分は、判決が出た直後に、それまでの滞納分を全額弁済し、かつ、それ以降も一切滞納していない」と主張したい場合、管理組合によって申し立てられた競売を止めるためには、裁判所に対し、請求異議の訴え（民事執行法35）という特別な訴えを提起する手間

64

Q18 まだ履行期が到来していない将来の管理費等についても、訴訟で支払いを求めることができるか

が生じることになります。

3 履行期未到来の部分については消滅時効期間は10年間に延長されない

　ここで注意が必要なのは、将来給付請求が判決において認容された場合であっても、履行期がいまだ到来していない部分については、消滅時効期間は10年間に延長されることはないという点です（10年間に延長される場合については、Q13を参照してください）。以下の事例に基づいて説明します。

- ・規約で管理費等の支払期日は「当月分を当月27日まで」と規定されている。
- ・平成27年5月分以降の管理費等の支払いを請求し、判決において将来給付請求部分も含めてすべて認容された。
- ・この判決は平成29年8月15日の経過をもって確定した。

　この事例の場合、平成27年5月分から平成29年7月分（平成29年7月27日支払期日）までの管理費等支払請求権の消滅時効期間は、本来的な5年間から10年間へと延長されますので（民法174の2Ⅰ）、これらの請求権の消滅時効期間は平成39年8月15日の経過をもって完成します。

　しかし、この判決によっても、その確定時にいまだ履行期が到来していなかった平成29年8月分（平成29年8月27日支払期日）以降の管理費等支払請求権については、前記民法174条の2第1項の適用がありません（同Ⅱ）。よって、たとえば平成29年8月分の管理費等支払請求権の消滅時効期間は、平成34年8月27日の経過をもって完成しますので注意が必要です。

65

第3章

管理組合のお金
についてのトラブル

Condominium Management Association

第3章　管理組合のお金についてのトラブル

Q19 滞納者や迷惑行為者に対する措置に要した弁護士費用を、滞納者や迷惑行為者に対して請求できるか

私たちのマンションでは、管理費等を長期にわたり滞納している方がおり、訴訟等の対応を弁護士に委任することを検討しているのですが、その場合の弁護士費用は滞納者に対して請求することができるのでしょうか。また、迷惑行為者に対する訴訟等の場合はどうですか。

▶▶▶ Point
① 契約や規約の定めがない限り、弁護士費用を請求することは原則できません
② 違約金に関する規約の定めをおく必要があります

1 債務者に弁護士費用を請求することは原則としてできない

わが国の判例上、債務者に対して、債権者が負担せざるを得なかった弁護士費用を請求することは、一定の場合を除き、当然にはできないとされています。

ここでいう一定の場合とは、不法行為に基づく損害賠償請求の場合などをいい、典型例は、交通事故に遭った被害者が加害者に対して治療費や慰謝料等を請求する場合です。このような場合では、通常、被害者が負担した弁護士費用は、判決等で認められた損害賠償請求額の10％程度の限度で、加害者に対して請求することが認められています。しかし、滞納管理費等の支払いを請求するケースは通常これにはあたりません。

2 違約金としての構成

そのため、現在のマンション管理の実務において、このような判例を前提

68

としつつ、管理組合（債権者）が弁護士費用相当額の損害を不当に被ることがないようにするため、事前に、違約金としての定めを、主として規約におく方法が採用されています。

つまり、「弁護士費用相当額の支出という損害を被った（から、支払え）」ではなく、「弁護士費用相当額を違約金として支払うとのルールがある（から、支払え）」という点を根拠とするのです。

3 管理費等の滞納者に対する違約金の請求

管理費等の滞納者に対する違約金の請求については、標準管理規約（単棟型）60条2項に、「組合員が前項の期日までに納付すべき金額を納付しない場合には、……違約金としての弁護士費用……を加算して、その組合員に対して請求することができる」と明記されました。

なお、このような規約がある場合においても、裁判所によっては、債務者に対して、管理組合が負担した弁護士費用の全額ではなく、裁判所が相当と考える金額のみの支払いを命ずるものがありました。しかし、東京高裁平成26年4月16日判決において、ここでいう「違約金としての弁護士費用」とは、管理組合が弁護士に支払義務を負う一切の費用をいう、との判断が示されました。よって、今後は、よほど高額で暴利だといえるような例外的な場合を除き、債務者に対し、管理組合が負担した弁護士費用全額の支払いが命じられると考えられます（なお、この判決は、より明確な規約の案として、「……管理組合が負担することになる一切の弁護士費用（違約金）」との表現も提案しており、参考になります）。

この違約金としての弁護士費用相当額の支払請求権は、区分所有法7条に定める債権にあたるため、特定承継人に対しても請求できると解されています。

この違約金に関する1つの論点として、「違約金規定を置く旨の規約改正前の管理費等の滞納との関係」があります。これは、規約改正後に違約金を

第3章　管理組合のお金についてのトラブル

請求することは、改正時にすでに管理費等を滞納していた者との関係では、改正後の規約の遡及適用にあたるとの見解が一部にあるためです。しかし、管理組合が現実に弁護士費用を負担するのは、規約改正の後ですから、負担時期を基準に考えれば、そもそも「遡及」にはあたりません。また、債務者としては、違約金の負担を免れたいのであれば、単に、組合員としての最低限の義務である管理費等の支払義務を履行すればよいのです。実際、このような見解を排斥し、債務者に対して違約金全額の支払いを命じた裁判例も複数存在します（東京地判平成19年2月23日など）。したがって、管理組合としては、規約に違約金の定めがない場合には、これを改正したうえで、債務者に対する管理費等の請求を行っていくべきです。

4　迷惑行為者に対する違約金の請求

標準管理規約には、迷惑行為者に対する違約金の請求についても、管理費等の滞納の場合と同趣旨の規定が置かれています（標準67Ⅳ）。

もっとも、滞納しているか否かという形式的な判断が可能な管理費等の問題とは異なり、ある行為が迷惑行為に該当するか否かは実質的な判断が不可欠であるため、管理費等の滞納の場合に比べると、論点が多いのが実情です。

まず、迷惑行為者に対する訴訟の判決において、管理組合側が迷惑行為であると主張した複数の行為のうち、一部の行為のみが迷惑行為であると認められた場合（一部認容判決といいます）、管理組合が負担した弁護士費用の全額を相手方に請求することが認められるかが問題となります。この点についての裁判例は見当たりませんが、私見では、違約金規定を制定した趣旨を合理的に解釈し、裁判所の合理的な裁量により、債務者が負担すべき金額を一定の限度に制限することも許されると考えます。

また、迷惑行為者に対しては、規約に基づく訴訟のみならず、区分所有法57条から60条にかけての措置をとる訴訟を提起することもありますが、このような法律の規定に基づく訴訟の場合であっても、規約の定めにより、違

Q19　滞納者や迷惑行為者に対する措置に要した弁護士費用を、滞納者や迷惑行為者に対して請求できるか

約金を請求することができるのかについても問題となっていますが（標準管理規約には、この場合の規定はありません）、私見では、私的自治の範囲内の問題として、当然に違約金を請求することが可能と考えますし、これを認めた裁判例も存在します（福岡地判平成24年2月9日）。

第3章 管理組合のお金についてのトラブル

Q20 役員が訴えられた場合、その弁護士費用を管理組合が負担してよいか

　当管理組合では、大規模修繕工事をめぐって、一部の組合員との間で感情的な対立が生じてしまい、ついには、これらの方々が原告となって、理事長であるＡさん個人を被告として、「Ａさんが不適切な工事請負契約を主導したせいで、管理組合が損害を受けた」として、損害賠償請求訴訟を提起する事態となってしまいました。

　管理組合としては、Ａさん自身には全く責任はなく、被告とされてしまったことについては本当にお気の毒としかいいようがないと考えていますので、Ａさんが選任された弁護士さんの費用について、管理費から支出しようと考えていますが、問題はないでしょうか。

▶▶▶ Point

① 支出の前に、管理組合業務との関連性等を検討することが必要です

② いずれにしても、支出については総会の承認を得ることが不可欠です

1 問題の所在

　管理組合が訴訟の被告となった場合、これに応訴して対応することは、本来的な管理組合業務です。よって、標準管理規約に準拠した規約を有する管理組合においては、総会の普通決議を経ることによって、応訴に要する弁護士費用を管理費から支出することができ、この点については争いがありません。

　しかし、管理組合の役員や元役員（以下、「役員等」といいます）は、管理組合そのものではありません。よって、仮に、役員等が訴訟の被告とされた場合、その理由が管理組合の業務に関連しているときであっても、その応訴に

72

要する弁護士費用を管理組合のお金である管理費から支出することの可否については、見解が分かれています。

2 管理組合業務との関連性を検討することが重要

この点、役員等が訴えられた理由が、役員としての業務そのものであるか、あるいはこれと関連するものであると評価できる場合には、役員等の応訴に要する弁護士費用を管理費から支出することも許されると考えます。なぜなら、このような場合であれば、実質的には管理組合という組織が紛争の相手方とされた場合と同視することが可能であり、また、このような場合に管理費からの弁護士費用の支出を肯定しなければ、役員のなり手がいなくなり、管理組合運営そのものに影響を与えかねないからです。本設問のケースは、工事請負契約の締結に向けて尽力したことは、Aさんの理事長としての業務そのものであるといえますので、Aさん個人の弁護士費用を管理費から支出することは許されると考えます。

このほかにも、たとえば、理事長を被告として管理者解任請求訴訟（この訴訟においては管理組合は被告とはなりません）が提起された場合も、理事長（管理者）としての業務に関して訴えられたものといえますので、やはりその弁護士費用を管理費から支出することは許されると考えます。

他方で、役員等とその隣人がプライベートな理由を原因としてトラブルとなり、そのことのみを理由として隣人から訴えられたような場合には、役員としての業務とは何ら関係がありませんから、管理組合とも無関係です。よって、仮に総会決議によって承認されたとしても、その応訴に要する弁護士費用を管理費から支出することは、管理組合という団体の目的の範囲外の行為であって、許されないでしょう。

3 限界事例についての考え方

実務上悩ましいのは、役員等が被告とされた理由が、役員としての業務に

関連するといえばいえるが、そうではないといえなくもない、といった限界的な事例についてです。ここでは、このような意味での限界事例を扱った裁判例として、東京高裁平成24年5月31日判決を紹介します。

この裁判例の争点は多岐にわたりますが、ここでは、事案を次のとおり単純化し、下記の争点についてのみ検討します。

(1) 裁判例の事案

理事Aは、理事長（当時）Xを解任すべきと考え、その解任事由を記載した文書を住民に配布したところ、Xから名誉毀損であると訴えられました。その訴訟の判決は、Aに対し、Xへ30万円を支払うよう命じるものでした。これを受けたY管理組合は、総会決議を経て、AがXへ支払うべき賠償金30万円をYの管理費から支出して負担することを決めました。これに対し、Xは、Yによる30万円の支出は違法であるとして、これを承認した総会決議の無効確認請求を提起しました。

(2) 検 討

Y管理組合が理事Aのために支出した30万円は、AがXに対して個人として支払うよう命じられた賠償金に相当するものであって、Aの応訴費用ですらありません。しかし、そもそもの原因は、Aが当時の理事長Xが解任に値するとして活動した点にあり、理事長の監視監督は理事の業務の一環といえますので、その意味では、Aは、理事としての業務に関連して30万円の支払義務を負ったと評価することもできます。

このような場合の考え方については諸説あるところではありますが、私見としては、このように悩ましく、違法と断言するには躊躇する場合については、管理組合という自治団体の内部的意思決定にその当否を委ねることが適切であると考えます。よって、本件では、Y管理組合がその最高意思決定機関である総会において、支出を是とした以上、その判断を尊重し、総会決議は違法、無効とはならないものと考えます（東京高裁の結論も同様でした）。

Q 20　役員が訴えられた場合、その弁護士費用を管理組合が負担してよいか

4　管理費からの支出が総会で否決された場合

　なお、役員等の業務を理由として訴訟の被告とされたにもかかわらず、管理組合の総会において、その応訴のための弁護士費用の支出が否決されてしまった場合についてですが、この場合、被告とされた役員等は、管理組合に対し、自ら支出を余儀なくされた弁護士費用相当額の支払いを請求することができる場合があると考えます（民法650 I 参照）。

第3章 管理組合のお金についてのトラブル

Q21 自治会費をめぐる問題をどのように考えるべきか

当マンションでは、分譲当初から、組合員全員が当然に地域の自治会に加入しているため、規約の規定に基づき、管理費とは別に自治会費を管理組合が徴収し、これを自治会に支払ってきました。ところが、先日の理事会において、理事の1人から、「今後は、管理組合が自治会費を徴収するのはやめよう。国土交通省もそのように指示している」との意見が出されました。最近、よく管理組合と自治会の関係について議論になっているようですが、管理組合が組合員から自治会費を徴収することは許されないのでしょうか。

▶▶▶ Point
① 自治会からの脱退の自由を制限することは許されません
② 自治会と連携してのコミュニティ形成活動は管理組合の目的の範囲内であることが一般的であると考えられます

1 自治会費に関するルールの現状

区分所有法では、マンションを購入した人（区分所有者）は、当然に管理組合の組合員となるものと規定されており、その意味で、管理組合には構成員の脱退の自由が認められていません（強制加入団体）。

他方、わが国には、地域ごとに、自治会や町内会（以下、「自治会」といいます）といった名称の地縁に基づく団体が存在しますが、これらの団体への加入および脱退については、構成員の完全な自由であると解されています。

よって、自治会費をめぐるいかなる対応においても、「自治会からの脱退の自由」を制限することは許されません。この点については法的に争いがあ

76

りません。しかし、それ以外の点については、現時点において、法的に確立したルールは存在しないといってよいと考えられます。したがって、①自治会からの脱退の自由を制限するものではなく、②かつ、それが管理組合の目的の範囲内であると認められるのであれば、自治会費をめぐる管理組合の各取扱いは適法であるということができるでしょう（なお、本稿では、必要な手続を履践したか否かなどの一般的な要件についてはすべて満たすことを前提とし、言及を省略します）。

2 コミュニティ形成活動は管理組合の目的の範囲内であることが一般的

　それでは、自治会と連携して防犯や防災等の活動をすること（以下、「コミュニティ形成活動」といいます）は、管理組合の目的の範囲内といえるでしょうか。この点、「管理組合は財産管理団体なのだから、財産管理とは直接関係のないコミュニティ形成活動は、そもそも管理組合の目的の範囲外だ」という主張が散見されます。しかし、区分所有法の立法当初から、「マンションにおける区分所有関係は、建物の所有関係であるとともに、共同生活関係たる実質を有しており、それゆえ、その利害の円滑な調整も区分所有法の目的の1つである」と考えられています。よって、少なくとも、「管理組合は財産管理団体でしかない」という主張は、法的には誤りというべきです。

　ここでの詳細な議論は控えますが、実務上は、平成28年3月14日に改正された適正化指針において、国土交通省が「……マンションにおけるコミュニティ形成は、日常的なトラブルの防止や防災減災、防犯などの観点から重要なものであり、管理組合においても、建物の区分所有等に関する法律……に則り、良好なコミュニティ形成に積極的に取り組むことが望ましい」としたうえで、自治会（費）との関係についても、管理費と自治会費の「適切な峻別や、代行徴収に係る負担の整理が行われるのであれば、自治会費の徴収を代行することや、防災や美化などのマンションの管理業務を自治会が行う

第3章 管理組合のお金についてのトラブル

活動と連携して行うことも差し支えない」と明言していることもあり、コミュニティ形成活動が管理組合の目的の範囲内であることについては、当然の前提としてよいでしょう。以下では、これを前提に、個別の取扱いの適否について検討していきます。

3 取扱いその1──自治会費を自治会費として代行徴収することの可否

少なくない管理組合において、組合員から、管理費等と同時に、別に自治会費という名目で毎月数百円を徴収し、これを自治会にそのまま支払うという取扱いをしています。これについて、このような自治会費の代行徴収は管理組合の目的の範囲外であって許されないとした裁判例も存在しますが、①これによっても組合員が自治会を脱退する自由は何ら制限されませんし、②また、前述のとおり、自治会と連携したコミュニティ形成活動が管理組合の目的の範囲内であることは明らかですから、そのための費用を、管理組合が、自治会の構成員でもある組合員から、自治会に代わって徴収することには問題がないと考えます。よって、取扱いその1は適法であると考えます。

なお、管理組合が代行徴収をすることで、管理組合には負担が、自治会にはメリットが生じているため、これについて自治会から管理組合に対して何らかの対価が支払われることが理想ではありますが、かかる対価を求めるか否かも含めて、管理組合の自治の問題として決定すれば足りると考えます。

4 取扱いその2──管理費会計から自治会に必要経費等を支払うことの可否

また、管理組合によっては、自治会費という独立した項目での徴収はせず、それゆえ、自治会の未加入者を含む全組合員から等しく徴収する管理費から、自治会に対し、コミュニティ形成活動の必要経費等を支払っているケースもあります。①この点、まず、このケースでも、自治会の未加入者から自治会

費を直接徴収しているわけではありません。この点、未加入者の立場からすれば、自分が納めた管理費の一部が自治会に対して支払われていると不満に感じることもありうるでしょうが、これは多数決によって運営される団体の常です。例えるならば、管理組合が自分が反対票を投じた植栽業者と契約してしまい、植栽の様子が自分の意に沿わないと感じる場合の不満と、法的には有意な差はないというべきです。②また、前述のとおり、自治会と連携したコミュニティ形成活動を行うことは管理組合の目的の範囲内ですから、その費用を自治会に支払うこともまた、当然に目的の範囲内であるといえるでしょう。例えるならば、植栽の手入れをしてくれた植栽業者に対して、その代金を支払うことと同じです。よって、取扱いその2についても適法であると考えます。

第3章 管理組合のお金についてのトラブル

Q22 クリスマスツリーを管理組合が購入することは許されるか

当マンションでは、分譲以来、管理組合の管理費でクリスマスツリーを購入して共用部分である玄関ホールに飾り、また、住民の親睦の一環として、同じく玄関ホールにて、クリスマス会を実施しています。クリスマス会では、子どもさんたちが、きよしこの夜などの有名な曲を歌うなどしています。ところが、このたび、新しく組合員となられた方から、「クリスマスは、キリスト教という特定の宗教に基づく行事であるから、管理組合のお金を使ったり、共用部分を使用したりすることは許されない」との意見が出されました。法律的にはどのように判断されるのでしょうか。

▶▶▶ Point
① 管理組合ができることの範囲は相当広範囲に及ぶと解されています
② 現在のわが国の実情に照らせば、クリスマスツリーの購入等は適法と考えられます
③ 標準管理規約からコミュニティ条項が削除されたことによる影響は考えにくいでしょう

1 問題の所在

管理組合の業務として一般的に思い浮かぶのは、組合員から集めた管理費を使って、共用部分の清掃を行ったり、管理会社に委託して会計業務を行ってもらったりすることでしょう。これらの一般的な管理組合と、本設問のクリスマスツリーの購入等は、確かに何か違いがあるように感じます。この問題は、法律的には、「管理組合がその業務としてできることの範囲（＝管理組

80

合の目的の範囲＝管理組合の権利能力の範囲）」の問題として検討されます。

2 検討の視点

　この問題を考えるうえで考慮しなければならない点は以下のとおりです。

(1) 管理組合ができることには限度がある

　分譲マンションに関する基本的なルールを定めた区分所有法は、区分所有関係の成立によって当然にマンションの管理のための団体（通常はこれが管理組合です）が成立し、区分所有者は当然にこの団体の構成員になる、としています。つまり、区分所有者の立場からすれば、管理組合は強制加入団体であり、脱退の自由が事実上ないのです。このことから、管理組合のできることの範囲には、おのずから限界があることが導かれます。また、法解釈としても、管理組合の主たる存在目的が、敷地および共用部分の管理にあることは疑いありません。

(2) 管理組合ができることの範囲は広い

　しかし、他方において、マンションは、共同住宅であることから、その性質上、単なる財産権の対象ではなく、居住空間、すなわちコミュニティとしての側面を有しています。区分所有関係は、建物の所有関係であるとともに、共同生活関係たる実質を有するということができるのです。そのため、これを管理する団体である管理組合も、純粋な財産管理団体ではあり得ません。これらのことから、管理組合のできることの範囲は、相当広いと考えられています。実際、裁判所による判断の場面でも、管理組合という団体の自治を尊重することを通じて、管理組合のできることの範囲を相当広く認める傾向にあるといえます。

(3) 目的効果基準

　そのうえで、管理組合のできることの範囲の問題のうち、本件のように宗教がかかわるものについては、憲法における政教分離原則に関し、わが国の最高裁判所の判例が採用しているとされる、いわゆる目的効果基準を参考に

第3章 管理組合のお金についてのトラブル

検討することが有益であると考えます。この目的効果基準とは、行為の目的が宗教的意義をもち、その効果が宗教に対する援助、助長、促進または圧迫、干渉等になるか否かによって、公権力と宗教とのかかわり合いの是非を判断するものです。

3 具体的検討

以上を前提に考えると、確かに、クリスマスという行事は、本来的には、キリスト教という特定の宗教に基づくものであることは間違いありません。しかし、現代のわが国という、時間的、空間的に限定された範囲を前提に考えると、その本来的な宗教性は極めて希薄であり、お花見やお月見などと同様の1つの娯楽イベントにすぎないと評価することが可能です。実際に、本設問の管理組合においても、クリスマスツリーの購入等を宗教行事の一環であるとの認識をもって行っているわけではないと思われます。よって、その目的が宗教的意義をもつとはいえないでしょう。また、この程度の行為によって、キリスト教を援助、助長、促進する効果が生じるとは考えられませんし、仏教や神道などの他の宗教に対する圧迫、干渉となるとも考えられません。よって、本設問のクリスマスツリーの購入等は、現代のわが国においては、組合員の親睦を目的とする限りにおいて、適法なものと考えられます。

4 コミュニティ条項の削除

なお、関連して、標準管理規約の平成28年改正によって、管理費の使途の1つとして規定されていた「地域コミュニティにも配慮した居住者間のコミュニティ形成に要する費用」（改正前標準27⑩）、いわゆるコミュニティ条項が削除されました。しかし、前述のとおり、マンションにおけるコミュニティの重要性は、マンションが共同住宅であるという性質から当然に導かれるものであって、かつての標準管理規約によってそれが創設されたわけではもちろんありません。また、このたびの改正については、一般社団法人日本

82

マンション学会や特定非営利活動法人全国マンション管理組合連合会などのマンション管理の専門家団体などからも強く批判されているなど、その妥当性に相当の疑問が呈されています。よって、本設問に対する上記回答に対して、コミュニティ条項の削除が影響を与えることはないと考えられます。国土交通省も、標準管理規約の改正と同じ平成28年3月14日に改正した適正化指針では、「良好なコミュニティの形成に積極的に取り組むことが望ましい」としているところです。

　なお、コミュニティ活動については、Q21も参照してください。

第3章　管理組合のお金についてのトラブル

Q23 管理費等が規約の別表に明記されている場合、管理費等の値上げには規約改正が必要か

　私のマンションで管理費等を値上げすることになり、次の総会で議論する予定です。ただ反対者も多く、反対者は、管理規約冊子の別表で管理費の額が記載されているのだから、値上げには規約改正の特別決議が必要だと主張しています。どう考えるべきでしょうか。

▶▶▶ Point
① 規約別表に管理費等が規定されている場合でも普通決議で改正できる場合があります
② 管理費等改定にあわせ規約を整備すべきです

1 管理費等の決め方の原則

　管理費等について、区分所有法19条では「各共有者は、規約に別段の定めがない限りその持分に応じて、共用部分の負担に任じ」と規定されており、原則として共用部分の持分割合（これは法14条で規約に別段の定めがない限り専有部分の床面積の割合に応ずるものとされています）により負担をすることとなります。標準管理規約においては「管理費等の額については、各区分所有者の共用部分の共有持分に応じて算出するものとする」（標準25Ⅱ）としたうえで管理費等の額および賦課徴収方法については総会の議決事項としており（標準48③）、標準管理規約によればそれは普通決議となります（標準47ⅠⅡ）。

　実際には、各マンションの構造や各専有部分の用法に応じて差が設けられていたり、あるいは少々の床面積の差がある場合でもタイプ別に類型化されていることも多いのが現状ですが、管理費等が専有部分の床面積割合に基づいて算出されるという原則に則っている以上は、その値上げ・値下げなどの

84

Q23　管理費等が規約の別表に明記されている場合、管理費等の値上げには規約改正が必要か

変更は通常の管理行為であって、総会の普通決議で決定されると考えるべきでしょう。

2　規約別表に管理費等が規定されている場合

　ところで、規約に別表を設け、それに基づいて各戸の管理費等が規定されていることがあります。各戸の管理費等が一覧化されている点からはわかりやすいという利点がありますが、他方で管理費等を変更するときに問題が生じます。つまり、管理費等を記載した別表が規約の一部であることが規定上明らかな場合は、管理費等を変更する際に規約改正の手続が必要かどうかが問題となります。

　もし管理費等の額の定めや決定手続について、規約には「別表のとおりとする」とだけしか記載がない場合は、確かに管理費等の額を変える場合は規約改正の手続を踏むことが必要となってくるでしょう。

　しかし、他方で多くのマンションでは標準管理規約の定めに従い、前記のように、規約に、①管理費等の額は共有持分に応じて算出するものとする、②管理費等の額は総会において普通決議において定める、などの規定がおかれている例が多いです。このような場合は、争いがある点ではありましょうが、これら①②などの各規定に従って、管理費等別表の定めがある場合でも普通決議によって管理費等を変更することは許されるものと考えます。前記 1 で述べたとおり、管理費等を定める行為は、管理行為であって普通決議で決めることができると考えられるからです。もちろん規約の文言等により結論が変わることとなりますので、その点はご注意ください。

　なお、この点について裁判例をみると結論が分かれているところです。神戸地裁平成14年11月5日判決、東京地裁平成21年12月14日判決は本書と同様の結論を、京都地裁平成13年6月6日判決、東京地裁平成22年8月27日判決は反対の結論をとっています。

85

第3章 管理組合のお金についてのトラブル

③ 管理費等変更と同時に規約を整備すべきである

こう考えるとすると、管理費等の変更を決議したとしても、他方で別表の記載が規約に形のうえでは残ってしまうわけです。これについて、あくまで別表は規約制定当時の額が記載されているにすぎないと説明することが可能でしょう。

ただ、これは大変わかりにくい事態となってしまいます。やはり値上げの決議と同時に規約改正も行い、「別表のとおりとする」との規定および別表自体を規約から削除する措置をとったほうがよいことはいうまでもありません。あるいは規約に「管理費等の改正は普通決議による」旨を新たに明記するという方法もあるでしょう。

④ 規約本文に「管理費等は別表のとおりとする」旨の文言がない場合

なお、規約本文に「管理費等は別表のとおりとする」旨の文言がなく、単に規約を掲載した冊子の中に、他の規定（使用細則など）とともに管理費等が記載された表が掲載されているような事例もあります。

この場合は、別表が規約の一部であるとはいえず、普通決議で管理費等の額を変更することは可能であると考えられるケースが多いと思います。

86

Q24 不在者負担金や「罰金」の徴収は許されるか

Q24 不在者負担金や「罰金」の徴収は許されるか

当マンションは自主管理です。年４回の日曜午前中の定例の掃除も全員で行うのですが、欠席すると１回1000円が「罰金」として徴収されます。また、不在区分所有者に対しても、役員の負担を免れる分として年間２万円の負担金を支払う義務があります。このような決まりは有効なのでしょうか。

▶▶▶ Point

① 負担金の定めには必要性・合理性が必要で、最高裁判例が参考となります

② 不在者負担金は必要性・合理性ありとされる場合があります

③ 掃除欠席の「罰金」は必要性・合理性がないとされる場合が多いでしょう

1 「負担金」等の定め

まず一般論ですが、マンションにおいて管理費等の定めは、本来共用部分の共有持分に応じて決められるものであって（法19、14）、それに差が設けられたり、あるいは負担金などの名目で別途の徴収がなされるとしても、それは合理的範囲であることが必要です。もし何らの合理的根拠もなしに、マンションで「負担金」や「罰金」が決まっているとするとそれ自体違法なものです。

ただし、内容に必要性、合理性がある場合は有効とされる場合があります。

2 不在者負担金についての最高裁判例が１つの基準となる

参考となる判例があります。最高裁判所は、マンションに居住しない区分

87

所有者から月額2500円の「住民活動協力金」を徴収する規約について、管理組合の業務およびその費用は構成員である組合員全員が平等にこれを負担すべきものであるとしたうえで、不在組合員が868戸中約170〜180戸に及び、不在組合員は管理組合の規程により役員になることができず、役員になる義務を免れているだけでなく、実際にも管理組合の活動について日常的な労務の提供をするなどの貢献をしない一方、居住組合員だけが役員に就任し、管理組合の業務を分掌する各種団体の活動に参加するなどの貢献をしている状況下では、不在組合員に対し一定の金銭的負担を求め、不在組合員と居住組合員との間の不公平を是正しようとしたことについて必要性と合理性が認められる、と判断しています。そして2500円の「協力金」の割合は居住組合員が負担する組合費の15％増しにすぎないこと、反対者が5名であることなどを指摘し、結論として、「協力金」を徴収するための規約変更は「一部の団地建物所有者の権利に特別の影響を及ぼすべきとき」（法66、31Ⅰ後段）にはあたらないと判断し、規約の有効性を認めています（最判平成22年1月26日）。

このように判例は、不在住戸の割合、管理組合の活動内容、不在居住者の役員就任ができるか否か、負担金の割合、さらに支払拒絶者の割合などの諸事情を個別に検討し、有効無効を判断する立場です。原審（大阪高等裁判所）は、不在区分所有者ゆえに発生する印刷代、通信代などの実額を超えるような月額2500円という額は認められないとの立場でしたが、最高裁判所はこれを退けています。

3 一定範囲の不在者負担金は認められる

本設問のマンションの場合、自主管理のマンションということですから、マンションの規模や役員数、その活動内容、不在区分所有者の割合にもよりますが、年額2万円程度の負担金を定めてもそれはやむを得ないとされる範囲だと思われます。

これに対して、戸数の少ないマンションで、委託管理を行うなど役員の負

担が極めて小さいような管理組合のケースでは、年額2万円は多額すぎると判断される可能性があります。

4 掃除欠席についての「罰金」は合理性なしとされる可能性がある

次に、全員で行うべき掃除に欠席すると1回1000円の「罰金」を徴収するという定めですが、実費・労力程度の負担より少ない額であるとするならば、額自体は適法とされる範囲でしょう。

ただ問題なのは、前記判例の不在者一般の話とは異なり、掃除の日程を決めるにあたってはそれぞれの区分所有者の都合があって、理事会が決めた掃除の日に必ずしも全員が参加することは不可能であるという問題があります。「理事会の定めた掃除の日には参加しなければならない」と決め、不参加者への「罰金」を定めたとしても、各自の勤務先の休日、夜勤者かどうか、子育て世帯、高齢世帯その他家庭の事情がある以上は、全区分所有者の参加自体はそもそも不可能であり、決定自体が合理性に欠けるとされることもあるでしょう。他方で、逆に1000円払えば掃除に出なくてもよい、という風潮も発生しかねず、コミュニティ維持の点からも賛成できません。

5 総会決議のみで決めた場合

以上を、規約ではなく総会決議のみで決めた場合はどうでしょうか。規約による規制と総会決議による規制のどちらによる規制を選択するかは、管理組合における私的自治の範囲であるとする裁判例もあるところです（東京高判平成15年12月4日。店舗営業時間規制の例。Q47参照）。また、前記2の最高裁判例は、規約において協力金が定められた場合の必要性、合理性に関する判断であり、仮に「協力金」が総会決議で定められていた場合にどのような判断となったかについて、その射程は及んでいないという考え方もあるでしょう。

第 3 章　管理組合のお金についてのトラブル

　しかし、他方で、本件は管理費等の負担に関する基本的な事項であり、ま
た、違約金の定めの一種（特に「罰金」の場合）であるとの考え方も十分にあ
りうるところです。さらに、最高裁判例においては反対者の数が極めて少数
であったことも判断要素となっています。そうすると、本件のような負担金
等を定める場合は、規約において定めておくほうがトラブルが生じないとい
えるでしょう。

　なお、規約において基本事項を定め、詳細は総会決議に委ねるという方法
をとっても差し支えないと考えます。

Q 25　給排水管やインターホンなどの専有部分たる設備の改
修費用を修繕積立金から支出することは許されるか

Q25 給排水管やインターホンなどの専有部分たる設備の改修費用を修繕積立金から支出することは許されるか

築30年を経過した当マンションでは、専有部分からの漏水事故が増え、保険会社からも、保険での対応はもう限界であると指摘されています。とはいえ、組合員には年金生活者も多いことから、専有部分の配管について自主的な改修工事をお願いしていたのでは、とても全戸の工事終了にはこぎつけそうもありません。そのため、管理組合の修繕積立金を使って、全戸一斉に工事をしようと検討を始めたところ、修繕積立金を専有部分たる配管の改修工事のために使用してはならないとの指摘がありましたが、この指摘は正しいのでしょうか。

▶▶▶ Point

① 標準管理規約のコメントは絶対ではありません

② 管理規約を整備すれば支出は可能と考えられます

1 問題の所在

マンションの物理的構成物は、大きく、組合員全員の共有物である共用部分と、各区分所有者が区分所有する専有部分に分けることができます（その区別については、Q30を参照してください）が、管理組合は、主として、共用部分の管理のために、組合員からお金を徴収して、日々の管理に充てたり（管理費）、定期的な大規模修繕工事に充てています（修繕積立金）。よって、このようなお金である修繕積立金を、給排水管などのうちの専有部分にあたる部分の改修のために支出することは、一見すると何かおかしいことのようにも感じられます。

91

第3章 管理組合のお金についてのトラブル

　また、標準管理規約21条2項は、「専有部分である設備のうち共用部分と構造上一体となった部分の管理を共用部分の管理と一体として行う必要があるときは、管理組合がこれを行うことができる」と規定していますが、他方において、その21条関係のコメント⑧において、「配管の清掃等に要する費用については、第27条第3号の『共用設備の保守維持費』として管理費を充当することが可能であるが、配管の取替え等に要する費用のうち専有部分に係るものについては、各区分所有者が実費に応じて負担すべきものである」と述べており、実務においては、これが、「専有部分の改修に修繕積立金を支出してはならない」という見解（以下、「専有部分ドグマ」といいます）の根拠として扱われているようです。

2 専有部分ドグマは絶対ではない

　しかし、専有部分ドグマに則った場合、極めて不都合な事態が生じます。たとえば、排水管を例にとると、排水管は、横引き管（専有部分の場合があります）と縦管（共用部分であることがほとんどです）とが一体となって初めて目的を達することができるものです。また、最も悲惨であり、そのため最も回避すべきであるのは、横引き管から下階への漏水事故であるといえます。そうであるにもかかわらず、横引き管が専有部分であるというだけの理由で、横引き管の改修のための修繕積立金の支出を否定することは、不合理であるというほかありません。

　この点、区分所有法は、規約で定めることができる事項について、「建物……の管理又は使用に関する区分所有者相互間の事項」であると規定しており（法30Ⅰ）、その対象を「共用部分」に限定していません。また、管理組合の団体としての性格を強調する現行の区分所有法のもとにおいては、管理組合の実質的な財産である修繕積立金の支出先についても、広く団体自治が及ぶと考えるべきです。

　よって、規約に必要な規定がおかれている場合には、専有部分である設備

92

の改修費用を修繕積立金から支出することは許されると考えるべきです。

3 考えられる規約の規定

　以上を前提として、修繕積立金の支出を許容するための規定としては、以下の下線部を新設して加えることなどが考えられます（条文番号は標準管理規約のものです）。

　なお、以下のうち、「公平性確保措置」に関しては、Q26を参照してください。

【参考例】

21条（敷地及び共用部分等の管理）

1項（省略）

2項　専有部分である設備のうち共用部分と構造上一体となった部分の管理を共用部分の管理と一体として行う必要があるときは、管理組合がこれを行うことができる。

3項　前項の場合、専有部分である設備の更新等に係る費用については、総会の決議により、管理組合の負担とすることができる。この場合において、管理組合は、更新等の工事を実施しない専有部分があるなど、公平性を確保する必要があるときは、総会の決議により、当該専有部分の区分所有者に対し、他の区分所有者との公平性を確保するため、補償金の支払いその他の措置（以下「公平性確保措置」という）をとることができる。

25条（管理費等）

　区分所有者は、敷地及び共用部分等の管理に要する経費並びに第21条第3項に要する経費に充てるため、次の費用（以下、「管理費等」という）を管理組合に納入しなければならない。

一　管理費

第3章　管理組合のお金についてのトラブル

二　修繕積立金

28条（修繕積立金）

　　管理組合は、各区分所有者が納入する修繕積立金を積み立てるもの
とし、積み立てた修繕積立金は、次の各号に掲げる特別の管理に要す
る経費に充当する場合に限って取り崩すことができる。

一～五（省略）

六　第21条第３項に基づく専有部分である設備の更新等及び公平性
　　確保措置

Q26 専有部分たる設備の先行工事者に対し、公平性確保のために管理組合が金銭を支払うことは許されるか

このたび当管理組合では、老朽化した給排水管の更新工事を行うことになったのですが、専有部分である配管について、各戸の自主的な工事に委ねていては、いつ漏水工事が起きるかもわからないため、修繕積立金を使って、一括して更新工事を行うことを検討しています。

ところが、ある組合員から、自分は半年前に専有部分の改装工事を行ったが、その際に、専有部分である給排水管の更新も済ませており、さらなる工事は不要であるとして、管理組合に対し、自らがすでに行った改装工事の際に支出した給排水管の更新工事の費用に相当する金額を、返還するよう請求されています。

この場合、管理組合としては、この請求を拒むことはできないのでしょうか。

▶▶▶ Point

① 先行工事者との公平性を確保することが修繕積立金を適法に支出する条件となると考えられます

② 具体的な公平性確保措置はケース・バイ・ケースで決めるほかありません

1 問題の所在

本設問のような相談は、近年とても増えています。その背景には、給排水管の耐久年数が経過した築30年程度のマンションが増えてきたことがあると考えられます。

ここで、議論の前提となる、給排水管が共用部分なのか専有部分なのかと

第3章　管理組合のお金についてのトラブル

いう問題についてはQ30を、専有部分であるとして修繕積立金を支出して
改修してよいのかという問題についてはQ25をそれぞれ参照してください。

　ここでは、当該給排水管が専有部分であることや、その改修に修繕積立金
を支出することが許されることを前提として回答します。

2　公平性確保措置の必要性

　修繕積立金という「みんなのお金」を支出する以上、そこに不公平があっ
てはならないところ、本設問のような、すでに自らの負担において給排水管
の更新工事を終えた組合員（以下、「先行工事者」といいます）と、そうではな
いために管理組合の負担において工事を実施することができる組合員との間
には、不公平が存在することは否定できません。かかる不公平を解消する措
置（以下、「公平性確保措置」といいます）をとることなく、漫然と修繕積立金
の支出を決定してしまった場合、当該総会の決議の内容が不公平であること
を理由に、無効と判断されてしまうリスクがあります。実際に、同種の事案
において、一般論として、先行工事者に対する補償が適切に行われていない
場合には、総会の決議が一部の区分所有者に対して不合理な取扱いをしたも
のとして無効になる場合がありうると解釈した裁判例があります（東京地判
平成23年9月22日）。

3　公平性確保措置の具体例

　そのため、管理組合としては、先行工事者がいる場合は、たとえば次のよ
うな方法により、公平性確保措置を検討しておくことが必要になります。

(1)　規約の改正

　通常、公平性確保措置の内容としては、修繕積立金から、一定額の金銭を
交付するものになると考えられます。しかし、修繕積立金の支出事由は限定
的に列挙されているのが通常です（標準28 I 参照）。そのため、本件のような
公平性確保措置のための支出についても許される旨の規定をおくことが必要

です。その具体的な条項については、Q25を参照してください。

(2) 総会の決議

前記の規約の規定に基づき、実際に修繕積立金を支出する旨を総会で決議する場合には、これとあわせて、公平性確保措置をとる旨の決議も行っておくべきです。かかる決議は、実際の交付金額をある程度算出することが可能な程度には、具体的な基準である必要があると考えます。たとえば、前記の裁判例の事案では、次のとおりの基準が決議されており、これは、判決においても相応の合理性を有するものと評価されています。

① 本件改修工事の目的である専有部分の給排水管および給湯管更新設備工事費に限る。

② 本件改修工事に係る請負契約による工事費の平均値を基準とする。

③ 住戸タイプにかかわらず一律とする。

(3) 管理組合の裁量

とはいえ、実際の事案はさまざまであり、ピンポイントで公平性確保措置として適切な金額を算出することは困難な場合が多いでしょう。そのような場合には、可能な限りにおいて基準を明確化し、その余は、ある程度管理組合（理事会）に裁量の幅をもたせるという方法をとることも、やむを得ないと考えます。その場合、管理組合が決定した金額が、その幅の中に収まっていれば、公平性確保措置としては適切であると考えることができます。

4 さらなる「難問」

本設問の事案は、先行工事者に対するさらなる工事が不要であるケースでした。これに対し、工事は必要であるが、その際に、リフォームをしたばかりの高価なフローリングや、ユニットバスを破壊しなければならないケースも増えています。この場合、当該専有部分の組合員からは、管理組合に対し、「工事に協力するのだから、フローリングまたはユニットバスを、管理組合の負担で原状回復してほしい」との要望が出されることがあります。

第3章 管理組合のお金についてのトラブル

　このようなケースで、管理組合としてどのように対応すべきかは、①実際問題として、専有部分に入室したうえでの工事を承諾してもらわなければならないが、②そうはいっても、他の組合員との公平性の観点から、過度な負担を受け入れることはできないという、本当に悩ましい、実務上の難問であり、最終的にはケース・バイ・ケースで対処するしかないところですが、ここでは、大きな考え方の枠組みを指摘しておきたいと思います。

① 　工事の実施が適法に決議された以上、組合員は、これに拘束されますから、工事の実施を拒否することは許されません。

② 　他方、管理組合は、当該組合員の財産であるフローリングまたはユニットバスを破壊するわけですから、これによって当該組合員によって生じた損害に対し、償金を支払う必要があります（法6Ⅱ）。

③ 　この点、ここで管理組合が支払うべき「償金」は、当該組合員が受けた損害を填補するに足りる金額であり、かつ、それ以上であってはならないところ、当該組合員が受けた「損害」とは、フローリングまたはユニットバスの購入時の価格相当額ではなく、破壊された瞬間の時価にとどまります。

④ 　よって、この点を踏まえ、管理組合としては、当該組合員との間で、工事後にフローリングまたはユニットバスを原状回復する費用について、応分の負担を求める交渉を行っていくことになるでしょう。

98

Q27 管理組合はどのような税金を払わなければならないか

Q27 管理組合はどのような税金を払わなければならないか

管理組合が税金を払うのはどのような場合ですか。管理組合が法人化している場合と、法人化していない場合とで違いはありますか。

▶▶▶ Point

① 駐車場の貸付収入についてはその形態により課税されうるので注意が必要です

② 携帯電話のアンテナの貸付収入については課税対象となります

③ 管理費・修繕積立金については課税されません

④ 管理組合が法人であるかどうかは、一部を除き課税に大きな違いはありません

1 法人税（国税）、法人住民税の法人税割（地方税）

(1) 法人税（国税）

　管理組合法人は、区分所有法47条13項において、法人税法別表第2の公益法人等とみなされます。したがって、法人税法上の収益事業を行っていなければ課税されません。特に問題となるのは、管理組合が駐車場を第三者に貸し付けたり、屋上共用部分を携帯電話会社のアンテナや広告塔などとして第三者に賃貸した場合ですが、これについては駐車場業、不動産貸付業として問題となります。

　まず駐車場ですが、多くの例では管理組合が区分所有者と駐車場賃貸借契約を締結したり、あるいは規約上専用使用権を設定して区分所有者から使用料を徴収しています。このような場合は、区分所有者の共有である敷地の自己使用となりますので、課税されません。専用庭の使用料なども同様に考え

99

ることができます。

　問題は、高齢化などにより自動車所有者が減少し、駐車場を近隣住民など第三者に賃貸する例が増えてきていることとの関係です。このような場合はケースによっては課税されることがあります。国税庁は、①空き駐車場について募集を広く行い、使用許可は区分所有者であるかどうかを問わず申込み順とする、使用料金・使用期間などの貸出条件について区分所有者と非区分所有者との差異がないようなケースでは、区分所有者の使用部分を含めて、その貸付けの一部ではなく全部を収益事業として扱う、②区分所有者の使用希望がない場合のみ非区分所有者への募集を行い申込みがあれば許可する、貸出しを受けた非区分所有者は区分所有者の使用希望があれば早期に明け渡すような場合は、余剰スペースを使用した事業の部分のみが一部収益事業となる、③積極的に非区分所有者に対する空き駐車場の募集は行わず、申出があった場合のみ短期的に非区分所有者への貸出しを許可する程度であれば、非区分所有者への貸出しは独立した事業とはいえず全体として非収益事業に該当する、と区分整理しています（国土交通省平成24年2月3日付け「マンション管理組合が区分所有者以外の者へのマンション駐車場の使用を認めた場合の収益事業の判定について（照会）」（国住マ第43号）に対する国税庁平成24年2月13日付回答）。したがって、第三者に賃貸する場合はこの区分に従い、特に①のような賃貸形態は避けなければなりません。

　次に、屋上塔屋を携帯電話基地局アンテナとして提供したケースでは、国税不服審判所は平成25年10月15日裁決において、賃貸料が個別の区分所有者ではなく管理組合に帰属することを前提として法人税を賦課することを認めていますので注意が必要です。

　このほか、共用部分を店舗などに賃貸している場合の収入などにも同様に課税されることとなります。

　法人でない管理組合も、上記記載の収益事業を行っている場合、管理組合法人と同じく、法人税の支払いが必要となります（法人税法2⑧・3）。

100

（2）　法人住民税の法人税割（地方税）

　法人税（国税）の支払額に応じて法人住民税の法人税割（地方税）がかかります。これは管理組合法人でも、法人でない管理組合でも同様です。

（3）　預金に対する分離課税

　このほか、修繕積立金などを銀行に預金すると、預金利息に対して課税されますが、これは個人の預金者と同様に分離課税ですので、別途申告等は必要ありません。

2　法人住民税の均等割

　法人住民税には、前記 1 記載の法人税割のほか、法人ごとに均等に課せられる均等割があります。法人でない管理組合は収益事業を行っている場合のみ均等割も課税されます（地方税法24Ⅵ・294Ⅷ）が、それ以外は非課税です。

　これに対し、管理組合法人は原則課税です。ただし、各県、市町村において減免措置が設けられていることが多く、それがある場合は積極的に活用すべきです（たとえば神奈川県税条例施行規則2Ⅰ）。

3　法人事業税

　収益事業を行っているとされる場合は、駐車場業、不動産貸付業などとして、法人事業税が適用となります。管理組合が法人でない場合も同様です（地方税法72の2Ⅳ）。

4　固定資産税・都市計画税

　マンション敷地・建物にかかる固定資産税、都市計画税は、区分所有者の共用部分の共有持分割合に応じて、按分のうえ、各区分所有者に請求されます（地方税法352Ⅰ）。管理組合（法人）に対して請求されることはありません。

　これに対して管理組合法人が法人名義で不動産を所有する場合、固定資産税・都市計画税等が、管理組合法人に対し別途賦課されることとなります。

第3章 管理組合のお金についてのトラブル

通路・集会場などについては、公益性が高いとして減免の対象となることがあり、実際、減免の利益を得ている管理組合も少なくありません。積極的に市町村と交渉すべきでしょう。

5 消費税

管理組合が消費税の対象となる取引（物品の購入、サービスの提供）を行った場合は、消費税を支払うこととなるのは当然です。管理費・修繕積立金は管理組合内部の負担の問題ですのでそれに対して消費税は賦課されません。

問題は、前記同様第三者に対して駐車場・屋上・店舗等を賃貸した場合で、この場合は消費税の対象となります。ただし消費税の原則に従い、基準期間（当該年度の前々年度）の賃貸収入が1000万円以下の場合は当該年度は非課税です（この1000万円には管理費・修繕積立金等は入りません）。

6 源泉徴収

源泉徴収についてはQ77のとおりです。

102

Q28 住込み管理員に対して深夜等に業務を依頼することができるか。残業代を支払う必要はあるか

当管理組合は、いわゆる自主管理のマンションですが、分譲当初から、マンション内の管理人室にご夫婦で住み込んでいる管理人さんがおり、管理組合から時給を支払っています。このたび、ある住民の方が、深夜に敷地内で大きな物音がしたとして、管理人さんに対して見回りを求めたところ、管理人さんから「もう寝る時間です」と断られたと憤慨していました。住込みである以上、日中以外の時間でも対応してもらいたいと思いますが無理なのでしょうか。

▶▶▶ Point

① 管理人は労働者に該当することから、原則として、法定労働時間を超えて労働させることはできません

② 事情によっては、不活動時間についても残業代を支払う義務が生じることもあります

③ 使用者責任の発生や雇用保険への加入義務など、直接雇用の負担は小さくありません

1 住込み管理人の法的位置づけ

高経年かつ比較的大規模なマンションでは、マンションの共用部分(専有部分である場合もあります)である管理人室に管理人が単身または夫婦で住み込むという、いわゆる住込み管理人がいるケースがあります。多くのケースでは、管理組合と管理会社の管理委託契約に基づき、管理会社が契約している管理人を管理組合に派遣していますが、本設問のケースのように、管理組合が管理人と直接契約をしているケースもあります。

103

第3章 管理組合のお金についてのトラブル

2 労働基準法の適用

　管理人は、通常、管理会社または管理組合（使用者）の指揮監督の下で勤務し、その対価として報酬を得ていますので、労働基準法上の労働者に該当します。よって、管理人の労働に関しては、労働基準法の適用を受けることになります。

　なお、管理人の労働者性・労働基準法の適用の有無は、管理人との間の契約の名称（請負、業務委託など）といった形式面から判断されるのではなく、管理人が管理組合の指揮監督下にあるか否かが実質的に判断されますので、注意してください。

3 残業代の支払義務

　その結果、管理組合は、管理人に対し、休憩時間を除いて、1週40時間を超えて労働させてはならず、かつ、1日8時間を超えて労働させてはなりません。これを超える労働をさせるときは、労働基準法所定の要件を満たさなければならず、かつ、割増賃金（いわゆる残業代）を支払わなければなりません。割増率は原則として次のとおりです。

時間外労働	25％以上
休日労働	35％以上
深夜労働（午後10時～午前5時）	25％以上
時間外かつ深夜	50％以上
休日かつ深夜	60％以上

4 本設問の結論

　以上のとおり、本設問においても、いかに住込み管理人とはいえ、所定労働時間を超えて労働させてはなりませんから、所定労働時間内とはいえないと考えられる深夜の見回りを義務づけることは、原則としてできません。こ

104

Q28　住込み管理員に対して深夜等に業務を依頼することができるか。残業代を支払う必要はあるか

れを行わせるには、労働基準法上の要件を満たし、かつ、管理組合と管理人との間における労働契約において、時間外・休日労働義務を設定しておかなければなりません。また、前記の割増賃金を支払うことも必要となります。結局、住込みという形態は、管理人がマンション内に居住していることに伴い、緊急事態への即応性が事実上期待できるというものにすぎないものであって、所定労働時間を超えて管理人を労働させることができるという性質のものではないのです。

5　不活動時間の問題

　なお、本設問に関連して、住込み管理人から使用者に対する（割増）賃金の請求が訴訟に発展したケースが複数ありますが、そこでは、住込み管理人のいわゆる不活動時間（待機時間や仮眠時間など）が労働時間にあたるか否か（あたる場合は賃金を支払わなければなりません）が争点となっています。この点、最高裁判例によれば、不活動時間であっても、労働からの解放が保障されていない場合には労働時間にあたるとされ、また、当該時間における役務の提供が義務づけられている場合には、労働からの解放が保障されているとはいえないとされています。よって、実際の事案においては、使用者による指示の内容などの具体的な事実関係をこれにあてはめて判断することになりますが、仮に、使用者が、管理人に対し、所定労働時間外においても作業をするよう命じていた場合には、これに要する時間については、管理人居室における不活動時間であっても労働時間にあたると判断されるリスクがありますので、注意が必要です。判例として、使用者（管理会社）が平日午前7時から午後10時まで管理人室の照明を点灯しておくよう指示するとともに、この時間については所定労働時間外であっても住民からの要望に応じてその都度対応すべきとの指示をしていたという事案において、この時間（休憩時間は除く）は不活動時間も含めて労働時間にあたると判断した最高裁平成19年10月19日判決があります。

105

第3章 管理組合のお金についてのトラブル

6 その他のリスク

このほか、管理組合が管理人を直接雇用している場合のリスクや負担として、管理人が故意または過失によって住民その他の第三者に損害を与えた場合には、管理組合もまた損害を賠償する責任を負いうることや（使用者責任）、雇用保険に加入する義務が発生することなどがあります。住込み管理人がいることによる安心感は住民にとって大きなメリットですが、他方で、管理組合には前述のようなリスクや負担もありますので、この機会に、管理人を住込みとするのか通勤へと変更するか、あるいは、そもそも管理組合が管理人と直接雇用契約を締結することの是非についても、管理組合全体で話し合ってみることをお勧めします。

106

Q 29 敷地利用権が賃借権や地上権である場合に、地代を1人で全額支払う義務があるか

Q29 敷地利用権が賃借権や地上権である場合に、地代を1人で全額支払う義務があるか

弊社は、分譲業者であるA社から、敷地利用権が賃借権である、いわゆる借地権マンションの一室を購入した法人区分所有者です。これまで、地主への地代の支払いは、区分所有者が個別に地主に対して支払う方法によって行ってきました。中には、地代の支払いを滞納していた方もいたようです。

ところが、このたび地主が破産してしまい、その結果、不動産業者が新たな敷地の所有者となったのですが、この不動産業者は、弊社を含む法人区分所有者だけに対して、全区分所有者が支払うべき地代を連帯して支払うよう請求してきました。

このような請求に応じなければならないのでしょうか。

▶▶▶ Point
① 地代の支払義務の範囲は、まずは契約書等の規定によって決定されます
② 規定がない場合の取扱いには争いがあるので注意が必要です

1 借地権マンションとは

わが国の法制度上は、土地と建物は別個の不動産として扱われますが、一般的なマンションにおいては、その購入者は、①専有部分（部屋）の区分所有権、②共用部分（壁、柱等）の共有持分権と、③建物の存在する土地（敷地）の共有持分権を取得することになります。そして、この敷地の共有持分権とは、要するに所有権であり、所有権を皆で共有しているという状態です。

他方、古くから、借地権マンションと呼ばれるマンションも分譲されています。これは、敷地に対する権利が、共有持分権（所有権）ではなく、賃借

107

第3章　管理組合のお金についてのトラブル

権や地上権などの、「土地を利用する権利」にとどまるマンションのことです。土地を所有する権利よりも、土地を利用する権利のほうが低額であることから、地価の高額な都心部を中心に、借地権マンションの分譲は増加傾向にあるようです。

以下では、土地を利用する権利として、賃借権を例に説明します。

2　まずは分譲時の契約書等の確認をする

地主の立場からすれば、その所有する土地についての賃借権をマンション側に提供する以上、いかに適切に賃料を回収することができるかが肝要です。そのため、ほとんどの借地権マンションにおいては、分譲時の契約書や管理規約その他の重要書類に、賃料に関する条項が規定されています。そして、その内容は、「区分所有者が支払うべき賃料は、自己の賃借権の持分割合に対応する範囲に限られる」という趣旨の規定がおかれていることが多いようです。よって、そのような規定がある場合には、本設問にあるような不動産業者による請求は当然認められません。

3　規定がない場合の取扱いには争いがある

しかし、実務例や裁判例に照らすと、①高経年、②小規模、③分譲業者がすでに倒産しているなどの特徴を有する借地権マンションにおいては、これらの契約書等の規定がないケースがあります。このようなマンションにおいて、相続や破産等によって土地の所有権が移転すると、本設問のような紛争が生じることがあるのです。

規定がない場合の取扱いについての考え方としては、まず、分割債務説と呼ばれるものがあります。これは、区分所有者は、自己の賃借権の持分割合に対応する範囲においてのみ、地代の支払義務を負うという見解です。たとえば、「区分所有者が10名で、それぞれの賃借権の持分割合が等しく、地代の総額が月額10万円」というケースでは、各区分所有者は、他の区分所有者

108

Q 29 敷地利用権が賃借権や地上権である場合に、地代を1人で全額支払う義務があるか

が地代を滞納しようが何であろうが、地主に対しては、とにかく毎月1万円を支払う義務しか負わないと考えるのがこの見解です。

　これに対し、不可分債務説と呼ばれる見解は、分割債務説とは反対に、上記の例でいえば、区分所有者は、地主から請求を受けた場合には、他の区分所有者の地代も含め、最大で月額10万円を単独で支払わなければならないとする見解です。もちろん、地主に10万円を支払った区分所有者は、他の区分所有者に対し、1人あたり1万円の支払いを請求することができますが、その中の誰かが資力がなく支払いに応じることができない場合には、その無資力のリスクを、地主に10万円全額を支払った区分所有者が負担することになります。

　裁判例においては、本設問における地主からの請求と同種の請求を、結論として排斥したものがありますが（東京地判平成7年8月7日）、個別具体的な事実関係を前提とした判断であって、すべてのケースにおいて、分割債務説に従った判断が下されるとは限りません。そのため、実務上は、地主の変更時や賃貸借契約の更新時などにおいて協議を行い、分割債務説に則った合意を書面化しておくことが肝要です。

4　地代を滞納した場合の処理

　なお、分割債務説を前提とした場合、区分所有者が地代の支払いを怠ったときは、地主は、敷地の賃貸借契約を解除することができます。この場合、当該区分所有者の専有部分は、敷地を不法に占拠していることになりますから、本来であれば、地主は、当該区分所有者に対し、専有部分を収去して敷地を明け渡すよう請求することになりますが、マンションの場合、物理的にそれは不可能です。よって、これに代わり、地主は、当該区分所有者に対し、その専有部分の区分所有権を時価で売り渡すべきことを請求することができることになっています（法10）。

109

第4章

居住や利用
についてのトラブル

Condominium Management Association

第4章 居住や利用についてのトラブル

Q30 専有部分と共用部分とはどのように区別されるのか

先日、上階の部屋から下階の部屋への排水管の漏水事故があったのですが、当管理組合の規約では、「配管類は共用部分とする」との定めがあるため、下階の方への賠償を管理組合で行おうとしたところ、理事から、「漏水箇所は横引き管だから、専有部分のはずだ。よって、賠償は上階の区分所有者が行うべきだ」と意見が出ています。管理組合としてどのように対応すればよいでしょうか。

▶▶▶ Point
① 物が専有部分か共用部分かを規約によって決定することはできません
② 他方、管理責任や賠償義務の所在は規約によって決定できます
③ 既存の規約はできる限り合理的に解釈すべきです

1 専有部分と共用部分の違い

マンションの建物部分は、大きく、①区分所有権の対象となる専有部分と、②原則として組合員全員の共有である共用部分に区別されます。前者の典型はそれぞれの部屋そのものであり、後者の典型は柱やエレベーターなどです。

専有部分は、区分「所有権」の対象となるものですから、原則として、これを自由に使用することが可能です（ただし、当然ながら、単なる所有権の対象である戸建てに比べ、その自由度は大幅に制限され得ます）。

他方、共用部分については、各共有者がその用方に従って使用することができるにとどまります（法13）。

112

2 専有部分と共用部分の区別

専有部分と共用部分の区別は、その物の性質から客観的に当然に決まるものであって、規約や決議といった多数決によってこれを事後的に決定したり変更することはできないと解されています。とはいえ、区分所有法に、「これは共用部分」、「あれは専有部分」と明記されているわけではありません。そのため、区別には困難を伴いますし、最終的には当該マンションの個別具体的な構造等に基づいて判断せざるを得ません。

以上を前提に、現在、通常のマンションにおいて一般的に行われている区別は大略次のとおりです。

① 管理人室 判例に照らしてケース・バイ・ケースで判断しますが、共用部分とした例があります（最判平成5年2月12日）。

② 屋内の駐車場 同じく判例に照らしてケース・バイ・ケースで判断しますが、専有部分であることが多い（最判昭和56年7月17日など）。

③ 天井、床および壁 駆体部分（壁芯）は共用部分、それ以外（上塗り部分）は専有部分。

④ 玄関扉 錠および内部（室内側）塗装部分は専有部分、それ以外は共用部分。

⑤ 窓枠および窓ガラス すべて共用部分。

⑥ （ルーフ）バルコニー、専用庭 すべて共用部分。

⑦ 給排水管

　ⓐ 縦管その他室内に設置されていないもの 共用部分。

　ⓑ 枝管（横引き管）その他室内に設置されているもの いわゆるスラブ上配管（床転がし配管）の方法によっている場合のスラブ上配管部分は専有部分である可能性が高い。他方、いわゆるスラブ下配管（下階天井配管）の方法によっている場合のスラブ内に存する部分および下階天井配管部分は共用部分である可能性が高い（最判平成12年3月

第4章 居住や利用についてのトラブル

21日）。

3 管理責任や賠償義務の所在は規約で決定できる

このように専有部分と共用部分を区別する意義は、主として、各種の費用負担者や賠償責任者といったさまざまな事項についての結論を導くためです。

たとえば、ある部分が専有部分であれば、①その保守・点検や改修・交換の諸費用についても、②また、その部分から生じた第三者に対する損害賠償義務についても、区分所有者が負うことが原則となります。

しかし、このような費用負担者や損害賠償義務者を誰にするか（区分所有者か管理組合か）という個別の事項の問題は、その物の客観的性質という問題そのものとは異なり、「建物又はその敷地若しくは附属施設の管理又は使用に関する区分所有者相互間の事項」（法30Ⅰ）にあたりますから、規約や総会の決議といった多数決によって事後的に決めることが可能です。そして、これらの個別の事項の問題さえ決めることができれば、そもそも、その物が専有部分か共用部分かという抽象的な議論をする必要がありません。

4 既存の規約の合理的な解釈

以上を前提にしますと、本設問のケースでは、まず、漏水箇所である排水管が客観的にみて共用部分であると判断できる場合には、下階への賠償責任は原則として管理組合が負うことになるでしょう。

他方、漏水箇所である排水管が客観的にみて専有部分であると判断できる場合には、「配管類は共用部分とする」旨の規約の定めをどのように解釈するかが問題となります。私見では、あえてこのような内容の規約の定めをおいた趣旨を合理的に解釈し、当該定めは、「専有部分たる配管類によって生じた損害賠償義務についても、それが区分所有者や占有者による不適切な使用によって生じたものでない限り、管理組合が負担すること」を内容とするものと解する余地があると考えます。

114

Q31 放置自動車を撤去するためにはどのような手続が必要か

放置自動車を撤去するためにはどのような手続が必要か

敷地内に放置自動車があります。撤去するにはどうしたらよいでしょうか。鍵を開けて移動してもかまいませんか。

▶▶▶ Point
① 陸運局で所有名義を調査し、法的手段をとるほかありません
② 法に基づかない撤去は管理組合の責任が追及されるリスクがあります
③ 防止のために放置自動車について違約金を定めることが有益です

1 自動車所有名義人の調査

まず、該当区画の駐車場の利用者に対し契約を解除したうえで明渡しを催告することが第1となります。しかし、それが無視され放置が続いた場合でも、法的手続を経ずに勝手に廃棄したり撤去したりすることは、「自力救済」となってしまい原則としてできません。まず、自動車登録について調査しその所有名義を明らかにしたうえで、撤去を求めることが必要です。車体番号がわからないと陸運局は調査に応じないのが原則ですが、私有地に放置された自動車の場合、車両放置場所の見取り図・放置期間・放置車両の写真を提出すれば調査可能です。調査の結果、自動車にローンに基づく所有権留保が付されている場合、自動車の価値にもよるでしょうが、所有権を留保している会社が車を引き上げることとなるでしょう。

2 法的手続の履践

こうして調査した所有者に対しては、撤去等を求める通知を発し、応じなければ訴訟を行うことが必要です。放置者が区分所有者あるいは駐車場契約

115

第4章 居住や利用についてのトラブル

者である場合は駐車場料金の未払い、契約解除をした場合も撤去までの使用料相当損害金が請求できます。所有者が行方不明である場合でも、公示送達の方法で判決を得ることが可能です。

これらに基づき駐車場区画の明渡しと金銭請求を行い、自動車に価値がある場合は勝訴判決に基づいて自動車自体を差し押さえて強制競売します。現実的には中古自動車業者に買い取ってもらうこととなります。しかし、多くの場合は自動車に価値がある例は少ないため、強制競売手続では費用も満たされないこととなります。そのような場合は、強制競売手続ではなく、判決に基づく明渡しの強制執行をすることとなります。

強制執行をするまでの間、自動車を移動させ駐車上区画を空けることが可能かどうかですが、移動させること自体が自力救済となること、自動車の移動は鍵等がない場合は困難なこと等から、緊急性がある場合以外は避けるべきでしょう。いずれにしても訴訟等の手続を要しますので、弁護士にご相談ください。

③ 規約、使用細則における有効性

このような事態に備えて、規約や使用細則の中に、緊急の場合に移動させることができるような規定を定めておくことは最低限必要です。敷地の管理者として理事長には不法行為に対し原状回復を行う権限がありますが、この場合においても標準管理規約67条3項などでは「法的措置」をとることができると定められているのみであり、原則は法的措置をとることが必要だと解されます。しかし通路を塞ぐ、あるいは安全性に問題がある等の相応の緊急性、重大性がある場合にまでこれを放置しなければならないとするのも不相当で、その場合に備えた規定は必要と考えます。ただし、規約に規定があっても、緊急性、重大性がない場合には移動することはできず、やはり訴訟手続を要することとなりましょう。

また規約の中に、放置違約金を定め、そこに弁護士費用を定めておくと、

116

弁護士費用も含め最終的に区分所有者や賃借人に請求することができます。この違約金の定めは規約上の債権として特定承継人（マンションの買主等）に対して追及することが可能であると考えます。

それでは区分所有者と全く関係のない第三者（たとえば近隣住民）が自動車を駐車していた場合はどうなるでしょうか。その撤去のための手続は上記と全く同様ですが、違約金を定めていても区分所有者とは無関係の第三者に対してこれを適用させることができません。ただし、その場合でも弁護士費用の一部を不法行為に基づく損害賠償金として回収することは可能です。

第4章 居住や利用についてのトラブル

Q32 駐車場専用使用権の廃止や有償化・使用料値上げは可能か

　敷地内の駐車場を利用する権利を、管理組合の一方的決定で廃止・有償化・値上げすることは可能でしょうか。

▶▶▶ Point
① 駐車場専用使用権には明確な法的定義はなく事案により判断するほかありません
② 契約型、分譲型、留保型などがありますが、標準管理規約は契約型によります
③ 契約型の場合の条件変更は、規約、使用細則、契約に基づくと考えます
④ 分譲型、留保型の場合、消滅させるのは困難ですが有償化、値上げは可能です

1 専用使用権とは

　専用使用権とは、共用部分につき特定の区分所有者ないし占有者がその部分を排他的に使用することができる権利として規約等で定められている場合の、その利用権のことを指します。

　この権利については法的な定めはなく、対象物の内容、性格や規約等の定めによって定まるという以上に説明することは困難です。法的性格についても、賃借権等の債権として説明する裁判例、あるいは共有物についての共有者間の合意として説明する裁判例など、各事案に即しその見解は分かれています。以下駐車場の専用使用権といわれるものについて論じます。

118

2 「契約型」

　標準管理規約では、管理組合が区分所有者に対し契約によって駐車場を使用させる形態を定めています。この場合は法的には賃貸借などと説明することが可能です。標準管理規約では「管理組合は、別添の図に示す駐車場について、特定の区分所有者に駐車場使用契約により使用させることができる」（標準15Ⅰ）と定めており、また駐車場利用に関する使用細則が別途定められている例が多いでしょう。このような形態を「契約型」ということとします。契約型の場合は、多くの場合は使用細則で、使用できる者の範囲の選定、使用申込みの手順、空待ちの順序など契約締結に関する定め、契約期間についての定め、区画の割当ての定め、契約解除等契約終了についての定め、更新についての定めがなされ、これを基準として管理組合と駐車場利用者が使用契約を締結します。規約と使用細則の規定は個別の使用契約に反映されることとなります。標準管理規約では平成９年の改正以来「駐車場専用使用権」との用語を用いないとされていますが、これはこの用語により何か特別の「権利」があるような誤解を避けるためです。

　本設問で問題となる駐車場利用権の廃止や使用料の値上げについても、契約型においてはたとえば「契約の解約、解除、駐車場使用料の納入その他この契約書に定めのない事項については、規約又は細則の定めるところによる」などと契約書に定められていることが多いでしょう。この場合は、駐車場利用権の廃止等の条件変更についても規約（あるいはこれに基づく使用細則、総会決議）やその各改正によって行うことができると解してよいでしょう。この場合、一部の区分所有者の権利に「特別の影響」があるか（法31Ⅰ後段）が問題となります。仮に改正により駐車場を利用することができなくなるものがあったとしても、そもそも駐車場利用契約自体が期間の定めのあるもので、影響が更新に対する期待が失われた程度のものであれば、「特別の影響」がある（法31Ⅰ後段）とはいえない場合も多いと思います。

第4章 居住や利用についてのトラブル

　値上げについては、一般的には通常の貸駐車場同様に考えてよいわけですが、値上げ幅が、敷地価格や公租公課の上昇の程度、駐車場の維持管理費用の増加の程度を大幅に超えている場合、「特別の影響」があるものとして無効となることがありうることとなります（入替えについてはQ33参照）。

3 「分譲型」、「留保型」

　これに対し、マンション分譲過程において、駐車場を利用する権利が一部の区分所有者に区分所有権とは別途の対価を徴収して分譲されたりする例があります（分譲型）。このような分譲形態は、望ましくないとの行政通達の存在にもかかわらず今日に至るまで例がみられ、特に古いマンションにしばしば例があります。また、特定の区分所有者（元地権者など）に駐車場を利用する権利が留保されていることが明らかである場合（留保型）も同じく問題となります。

　分譲型につき争われた裁判で、分譲自体は公序良俗違反とはいえないとの判例があります（最判昭和56年1月30日、同旨最判平成10年10月22日）。同じく分譲型での値上げの可否については「社会通念上相当」かどうか、具体的には使用権分譲の対価、その額とマンション本体価格との関係、分譲当初の近隣の類似の駐車場の使用料、その現在までの推移、敷地価格と公租公課の推移、専用使用権者の駐車場使用期間、駐車場の維持管理費用などを考慮するとしています（最判平成10年10月30日）。留保型では、1階がサウナ等の店舗のマンションで駐車場専用使用権の一部を消滅させ残部を有償化した総会決議について、消滅決議は「特別の影響」があるとして無効としましたが、有償化決議については前記同様社会通念上相当かどうかが判断基準であるとの判例があります（最判平成10年11月20日）。

　このように分譲型・留保型においては、消滅決議についてはその多くが「特別の影響」ありとされ、有償化、値上げ決議については程度次第との制約はありますが有効とされると考えてよいと思います。

120

Q 32 駐車場専用使用権の廃止や有償化・使用料値上げは可能か

　なお分譲型、留保型の中でも分譲後に駐車場使用契約書が締結されていて、一見すると契約型にみえるような場合があります。この場合は歴史的にみて契約型とは判断されず、分譲型ないし留保型に近いものとして判断がなされることがあると思いますが、ケース・バイ・ケースということとなりましょう。

第4章 居住や利用についてのトラブル

Q33 管理組合の決定で駐車場の入替え等が可能か

マンションでは敷地内駐車場が不足しており近隣に管理組合として駐車場を借りていますが、敷地内駐車場と近隣駐車場の使用料は敷地内のほうを2000円高く設定しています。駐車場を入れ替えることは総会決議で可能ですか。駐車希望者全員分の駐車場がない場合はどうですか。

▶▶▶ Point

① 入替えは使用契約や規約、細則の定めに従って解決することになります

② 入替えは総会決議でできるケースが多いですがルールを決めておきましょう

③ 先着順から抽選制に改める場合、その逆も同様ですが、慎重な検討を要します

1 駐車場区画の入替え

駐車場を使用する権利については、Q32で説明したとおり事案により結論が異なることとなりますが、ここでは「契約型」であることを前提に論じます。

契約型の場合は、使用細則や個別の使用契約の中で、駐車場の区画割あるいは立体駐車場での位置変更等（以下、「入替え」といいます）についてどのように規定されているかによります。使用契約でたとえば「契約の解約、解除、駐車場使用料の納入その他この契約書に定めのない事項については、規約又は細則の定めるところによる」などと定められ、細則などに入替えにつき規定がある場合は、それに従って決定することができます。これに対し使用契約にこのような規定がない場合は、通常の駐車場賃貸契約ですので、契約期

122

間中は入替えはできないことになります。次期の契約から「規約又は細則の定めるところによる」などの条項を入れるようにしていくしかありません。

次に、使用細則等にも入替えについての規定がない場合はどうでしょうか。その場合は新たに入替えについて使用細則を改正し規定を設け、契約書にもその規定を加えることによって、以降入替えを行うことが可能となります。このような手当てをしておけば、駐車場利用者の側から、駐車場が遠くなる、あるいは立体式の上段・下段等が変わって困るなどの主張が出たとしても、法律上何か「特別の影響」（法31 I 後段）があるなどとして係争することは難しいでしょう。ただし、自動車の車高や大きさによって現実の駐車が不可能になるような変更をすることは「特別の影響」にあたる可能性があります。また、障害者の方には特別の配慮が必要となると考えられます。

屋根なし区画と屋根付き区画も各自希望が異なりますが、この入替えも同様に考えてください。

入替えを行う場合には、各自の希望も異なりますので、不公平が生じることがないよう、あらかじめ利用者の意見聴取をして調整を行うことがトラブル予防のために必要です。また、入替えのルール（誰がどの区画を使えるのか、変更の場合どのように変えるか、たとえば一斉に入れ替えるのか入替え希望者リストを作るかなど）はあらかじめ総会で決めておいたほうがよいでしょう。

2 敷地内駐車場と敷地外駐車場の入替え

敷地内駐車場と敷地外駐車場の入替えも、使用細則等によって定めることができると使用契約に規定されていれば、管理組合で決定することができます。もちろん遠方の敷地外駐車場を新たに割り当てられた者は、今までより不自由になりますが、この程度では「特別の影響」に該当するとはいえないと思います。

また、本設問のマンションではさらに敷地外のほうが2000円安いということで敷地内・外のバランスがとられているとも考えられますが、仮に敷地

第4章 居住や利用についてのトラブル

内外で使用料が同じであったとしても、駐車場利用者間の「遠い」「近い」などの不公平を解消することが必要な場合、管理組合として入替えを決定することについて十分な合理性はあります。

3 先着順をやめて抽選制を導入する場合

次に、マンションでの駐車場利用希望者が設置された台数を上回る場合について、従前は先着順だったものを抽選制に改める場合はどうでしょうか。これも使用契約の内容にもよりますが、使用細則や総会決議により定めることができるという結論となりましょう（この場合、普通決議で足りることは浦和地判平成5年11月19日）。しかし、このような場所では地域的に駐車場が不足している場合もあり、マンション周辺に駐車場を確保することが難しい場合もあります。標準管理規約コメントでは、契約期間終了時に駐車場を入れ替える方法が平成28年に新たに例示されましたが（コメント15⑧）、現実的には機械的に実行すると、マンション周辺に違法駐車があふれかえる結果をもたらしかねないことをも考慮しなければなりません。

4 抽選制をやめて先着順に使用できるものとする場合

これに対して、従前抽選制で決めていたものを区分所有者である限り永久に使用できるように改めた場合について、総会の特別決議を有すると判断した裁判例があります（神戸地判平成3年6月28日）。この裁判例では駐車場についての規定が「規約」であると判断したことによりその結論を導いています。

このように、規約で「抽選制」が定められていたような場合は例外となるでしょうが、細則等で駐車場利用方法が定められている通常の場合は、半永久制に変える決議も、駐車場の利用方法に関する総会決議であることには変わりません。前記 3 と同様に普通決議で決定できると考えます。

Q34 区分所有権を親族へ譲渡したり、相続が発生した場合に、駐車場使用契約は親族に引き継がれるか

当マンション101号室のＡさんが先日引っ越し、入れ替わりに息子さんであるＢさん夫婦が入居してきました。しかし、駐車場にはＡさん引っ越し後、Ｂさんの自動車が引き続き駐車しています。敷地内駐車場も不足しているおり、先着順で順番を待っている区分所有者からはおかしいという声が出ていますがどう考えるべきでしょうか。なお、101号室の区分所有者はＡさんのままです。

▶▶▶ Point
① 使用細則により駐車可能な自動車の範囲を決めるべきです
② 親族だからといって譲渡等によって使用契約を引き継ぐことは原則としてありません
③ 相続の場合は被相続人の使用契約を引き継ぎます

1 自動車の駐車が可能な範囲

結論的には規約や駐車場使用細則、使用契約にどのように規定がされているかによります。

使用契約を誰が締結することができるかについては、規約や駐車場使用細則でその資格が規定されています。通常は区分所有者ですが、その同居の家族や賃借人、法人所有の場合の従業員等についても資格があると定めているマンションもありますので、まずその範囲を確認してください。駐車する自動車は、契約者の保有であることが条件となっている場合が多くの例です。ここで保有とは、駐車場契約者自らが所有する場合以外にも、ローンにより購入した自動車について所有権留保が付され、所有者がディーラーなどに

125

第4章 居住や利用についてのトラブル

なっている場合を含みます。

最初の問題はその駐車場に契約者本人ではなく、家族名義の自動車を駐車することができるかどうかという問題です。駐車場使用細則や使用契約の規定にもよりますが、原則は駐車できるのは契約者本人の自動車に限られるものと解されましょう。ただ、これまで実際に区分所有者以外の家族名義の自動車の駐車を認めてきているにもかかわらず、新たに家族名義の自動車を駐車させたことにつき、機械的に契約違反であるなどとして問題にすることは不適切です。これまでのマンションでの駐車場の使用実態に従って対応することが必要です。この運用を改める場合はきちんと総会での議論を経ることが必要ですし、駐車場使用細則、使用契約の中で、契約者以外の他人名義（家族も含めるかどうかも含め）の自動車の駐車を認めるかどうかを明確にするべきです。

いずれにしても、車検証の写しを管理組合に対し提出してもらうなど、細則や契約どおりの運用をきちんと行っていないと、次第に駐車する車の範囲はルーズになってしまいます。

② 親族の居住の場合の契約資格

区分所有者であるＡさんが転出し、区分所有者ではない息子さんであるＢさんが転入した場合はどう考えるべきでしょうか。これは、結論的には駐車場使用細則や使用契約の内容によるということとなりましょうが、私見ではおおむね次の考え方によるべきものと考えます。

まず、駐車場使用細則上、区分所有者以外は契約することができないとなっている場合は、Ｂさんが区分所有者でない以上は、Ｂさんは駐車場使用契約を締結することはできません。

これに対し、Ｂさんが以前からすでに共有者であったような場合は、Ｂさん名義で契約をすることは可能です。新たに贈与等によってＢさんが区分所有者となった場合も同様です。さらに、駐車場使用細則で賃借人等占有者に

126

Q34 区分所有権を親族へ譲渡したり、相続が発生した場合に、駐車場使用契約は親族に引き継がれるか

も駐車場の利用資格を認めている場合は、Bさんが区分所有者でない場合でも「使用貸借人」として駐車場の契約をすることができることとなるでしょう。

ただし、以上は駐車場を誰が契約することができるのかという問題です。

3 親族の駐車場使用契約を引き継げるか

本設問では、BさんがAさんの契約を引き継ぐことができるかどうかという2とは別の問題を検討しなければなりません。

この問題の結論としては、息子さんであるBさんはAさんの使用権を引き継ぐことはできないでしょう。

Bさんが使用貸借人として駐車場使用契約者となることができる資格があるとしても、すでにAさんは転居してしまっている以上はBさんは新たな利用申込みを行うべきでしょう。駐車場使用細則や使用契約においても、Aさんが転居して他人に譲渡したり賃貸した場合、新所有者等は契約が引き継がれることはないこと、あるいは契約締結による優先的使用権などはなく、順番待ちとなると規定されていることが多いと思います。このような場合、相手が親族であるからといって、特別に扱われることにはなりません。結局、Bさんは駐車場を直ちに利用することはできず、駐車場の申込みをして駐車場希望者の順番待ちに並んでいただくことになるでしょう。

それでは、Bさんが従前から共有者であった場合はどうでしょうか。しかしこの場合Bさんは同居していたわけではありません。このような場合、細則等の定めにもよりますが、一般的に共有者であるからという理由だけで、順番待ちの方を無視してまで、使用権を引き継ぐことはできないと考えるべきでしょう。

唯一、Aさんの使用権をBさんがそのまま引き継ぐかどうかが微妙となるのは、問題のケースとは違いますが、Bさんが従前からAさんと同居していたような場合です。この場合は、同居の家族名義の駐車が認められるかという問題と同様の問題として考えることとなると思います。これまで家族名義

127

第4章 居住や利用についてのトラブル

での駐車を認める運用をしている場合には、Aさんの契約のままBさんの自動車を駐車することまで禁止することまではできないと思います。

　いずれにしても、どのような場合に「引継ぎ」が認められるかどうか、駐車場使用細則や使用契約で明確にしておくべきでしょう。

4　相続の場合

　また、Aさんが死亡し息子さんであるBさんが相続した場合にはどうなるでしょうか。この場合は、Aさんの法的地位をBさんはそのまま引き継ぎますので、BさんはAさんの駐車場使用契約をそのまま引き継ぐこととなります。この場合、Aさん名義の車がBさん名義の別な車に変わったとしても、車両を入れ替えた場合と同様に考えられます。

128

Q35 放置自転車を廃棄できるか

> 敷地内に多数の自転車が放置されています。処分してかまいませんか。

▶▶▶ Point

① 放置自転車の移動等は管理組合理事長の権限で行うことができます

② 予防として管理組合がシール等による自転車の管理を行う必要があります

③ 放置自転車については警察に遺失物としての届出をするほうがよいでしょう

④ 管理組合自らが処分を行う場合は3カ月は保管を継続すべきです

1 自転車の法的位置づけ

　自転車については、自動車とは異なり一般の動産と同様の扱いをすることとなります。ただし、動産についても、その撤去・処分は法的手続を踏まなければならないことは自動車と同様です。

　なお、バイクについては自動車と同様に取り扱うべきです。

2 自転車の管理

　前提として、駐輪場にある自転車の管理を管理組合としてきちんとされていますか。管理組合として、一住戸に何台まで駐輪を認めるのか、駐輪を認めた自転車であることを示すシールの貼付を義務づける、あるいは駐輪場所・駐輪場を指定する等のルールを決めることが必要です。駐輪場使用料を徴収することも管理のためには有効です。これらについて駐輪場使用細則を定めることが必要です。

129

第4章 居住や利用についてのトラブル

このようにして管理をしていれば、どの自転車が駐輪を認められている自転車であるかどうか、あるいは部外者の自転車や放置された自転車であるかが一目瞭然となります。放置自転車の処分を考えるにしても、管理組合がどの区分所有者の自転車が駐輪されているかをきちんと把握することが第一歩です。

3 放置自転車の移動

管理組合の理事長は区分所有法上の管理者とされている例が多いですから（標準38Ⅱ）、管理者として規約・使用細則に違反する行為に対して警告を発し必要な処分をすることができます（法26、標準67）。共用部分に放置された物品についてこれを撤去処分することも、管理者の権限として当然なしうることとなります。ただし、自動車に関するQ31で述べたとおり、「自力救済」は原則として禁止されていますから、やり方次第では損害賠償を求められるというリスクもあり、法的手段をとるのが大原則です。

しかし、他方自転車のように簡単に移動することができるものについて、一々法的手段をとらなければ、移動することすらできないとするのは現実的ではありません。

まず、移動については、その自転車が一時的にその場所に置いている可能性もあります。その自転車が明らかに共用部分の使用を妨げている場合は、「この場所に放置されていた自転車は、どこに移動したので連絡のうえ取りに来るように」と当該場所に貼り紙等で告示し、差し支えないところに移動して保管してください。また、取りあえずは共用部分の使用に差し支えない場合であっても、駐輪が認められていない自転車の場合は定期的にチェックし、「〇〇日までに撤去せよ。さもなければ管理室横に移動する」などの警告文を自転車に貼ってください。なお、これらの貼り紙・警告文を貼った状況はカメラ等で記録しておいてください。

130

4 放置自転車の処分

こうして移動した自転車については、相当期間は保管しなければなりません。ただし、盗難・乗り捨ての可能性もありますので、最寄りの警察署に相談のうえ盗難届等が出されていないかどうかを問い合わせることが必要でしょう。自転車には防犯登録がなされていることが多く、放置自転車の持ち主が判明することが多いです。所有者が判明した場合は引取りを求めることとなります。

こうして所要の手続をとっても持ち主が現れない場合、あるいは持ち主が判明したのに取りに来ないという事態になった場合、警察に対して遺失物として届出をすることとなります。遺失物は、遺失物法に基づき警察が公告をした後3カ月経過した場合は拾得者のものとなります（民法240）。

ただ、警察が遺失物として受理しない場合もありますので、その場合は警察に準じ3カ月以上は保管を継続するべきです（遺失物法7Ⅳ参照）。この手続は、住民や来訪者にわかるようマンション掲示板に掲示するなどして明らかにしてください。

この程度の慎重さをもってようやく処分を検討することができます。つまり、「自力救済」に基づく責任を負わないためには慎重な配慮が必要なのです。

なお、処分する際廃棄ではなく売却を行うことも考えられますが、責任をもって処理する古物商に依頼をしないと、自転車の購入者が防犯登録が古いまま自転車に乗って、思わぬトラブルに巻き込まれないとは限りません。この点、慎重に行ってください。

5 使用細則に規定するべき

使用細則に以上の放置自転車の処分についての規定を定めておけば、少なくとも区分所有者、居住者はその手続を承諾していたこととなります。ただし、第三者にはその効力は及びません。

131

第4章 居住や利用についてのトラブル

Q36 リフォームにより隣接住戸とトラブルになった場合、リフォーム申請を許可した理事長に責任はあるか

上階がリフォームを行い、特にフローリングにしたため、以降騒音がうるさくて仕方ありません。当マンションでは、規約で、リフォームについては理事長の承認が必要とされています。理事長は特に内容の審査もせず承認したということです。理事長には責任はありませんか。

▶▶▶ Point

① リフォーム申請・承認条項は多くのリフォーム事案に適用されます

② 平成28年改正標準管理規約コメント別添2の定めが参考となります

③ フローリング騒音は受忍限度を超えるかどうかで裁判所は判断します

④ 専門家の意見を聞かず承認した場合、理事長の責任が発生する場合があります

1 リフォームについての規約の定め

標準管理規約では専有部分のリフォームについて、修繕・模様替えまたは建物に定着する物件の取付けもしくは取換えであって、共用部分または他の専有部分に影響を与えるおそれのあるものを行おうとする場合、あらかじめ理事長に設計図、仕様書、工程表を付して申請し、理事会の審査を経て、書面による承認を得ることを義務づけています（標準17Ⅰ～Ⅲ）。平成28年の標準管理規約の改正では標準管理規約の17条関係のコメントが大幅に補充されています。コメント別添2が設けられ、多くのリフォーム工事は申請・許可の対象となりうること、その場合の理事会の審査基準が明記されていますので参考になります。

132

2 フローリング騒音と損害賠償

フローリングについては、一般社団法人日本建築学会の定める床衝撃音についての遮音性能の定め（L値といわれる）がありますが、この遮音性能はあくまで建材の性能を保証するものであって、建物の構造、特に床のスラブの厚さ等によって階下に伝わる音の大きさが異なることにも留意すべきです。

実際に裁判になった例では、裁判所は床材の規格のみならず、階下に伝わる実際の騒音の大きさ、騒音の発生時間帯、部屋の使用の実態、発生した音の内容などによって、受忍限度を超えているかどうかを判断しています（子どもの発する騒音につき受忍限度を超えているとした例として東京地判平成24年3月15日）。

マンションにおいてフローリング禁止等が明確に定められている規約例もありますが、規約に明確な定めがない場合は、以上のような一般原則によって、騒音が受忍限度を超えていれば違法であるという判断がされることとなります。ただし、裁判所の判断は被害を訴える側にとって厳しい傾向にあります。

3 理事長の責任

床材の取替えは、標準管理規約上では許可を有する修繕となります。平成28年改正において付加されたコメント別添2では、理事会における承認の条件としては「新築時と同等以上の遮音性能を確認する」ものとされています。改正以前に行われた工事についての考え方についても同様と考えられるでしょう。

したがって、そもそも理事会において理事長が承認すべきかどうかを決する際（標準17Ⅲ）に「新築時と同等以上の遮音性能」が確保されているかどうかを設計図、仕様書、工程表等を提出させて審査しているかどうかがまず問題となります。このような具体的審査をしていない場合は、理事会の審査手

続において、規約に従った審査・許可がなされていないとされて、違法の要因となってしまうでしょう。

次に遮音性能についての審査がなされている場合に、その審査の程度はどの程度行う必要があるかという点です。標準管理規約は、理事長またはその指定を受けた者によって、修繕等の箇所に立入検査をすることができると定めていますが（標準17Ⅴ）、どのような場合に立入検査を行うべきかについては規定があるわけではありません。しかし、フローリングはリフォームの中でもトラブルが頻発している事案で、工事中に検査を行って申請どおりの施工がなされているかどうかを確認すべきでしょう。

また、承認にあたっては専門家の意見を聞くことが必要です。標準管理規約コメント17条関係⑤においても、フローリング工事においては構造、工事の仕様、材料等により影響が異なるので専門家への確認が必要であるとされています。その場合に専門家（建築士等）に支払う費用については、リフォーム申請者が負担すべきで（コメント17⑥参照）、この点、規約にも定めておいたほうがよいでしょう。リフォーム申請書の書式にもその旨の条項を入れておくべきです。

以上の審査を全く行わず、漫然と許可したような場合には、理事長の責任が発生することがあると考えられます。また、審査した理事会で漫然と賛成した理事の責任も問題となります。その場合の責任の内容は、下階の区分所有者に対する損害賠償ということとなりましょうが、この点、損害の存否については前記の受忍限度の考え方に従うこととなるでしょう。

134

Q 37　ごみ屋敷に対して管理組合はどのように対応すべきか

Q37 ごみ屋敷に対して管理組合はどのように対応すべきか

当マンションの5階に高齢の1人暮らしの方がお住まいなのですが、そのお宅がいわゆるごみ屋敷で、衣類や家電などありとあらゆるごみが、部屋のみならず、バルコニーにも山積みになっています。これらが下の公道に落下する危険もありますし、最近ではこの上下左右の住戸を中心にゴキブリが増えたとの苦情もあり、当該住戸が原因と思われます。管理組合として、何かできることはないでしょうか。

▶▶▶ Point

① バルコニー等の共用部分へのごみの放置に対しては法的措置が可能です

② 専有部分内の問題には原則として関与できません

③ 成年後見制度や福祉へつなぐことが功を奏することもあります

1 バルコニー等の共用部分におけるごみの放置

バルコニー等は共用部分であり、単に区分所有者に対して専用使用権が与えられているにすぎない場合がほとんどです。そして、このような共用部分にごみを山積みにする行為は、通常は、管理規約やこれに基づく使用細則で規定された用法に違反するはずです。また、仮にこれらの規定がなかったとしても、バルコニーの下階や隣戸への避難経路としての効用を阻害したり、バルコニーからごみが落下する危険があるなどの場合は、共同利益背反行為（法6Ⅰ）に該当することが通常でしょう。

このような規約違反や共同利益背反行為が認められる場合、管理組合としては、通常、次の①～③の手順に基づき、状況の改善を求めていくことになります。

135

第4章 居住や利用についてのトラブル

まず、①理事会の決議に基づき、理事長がその是正等のために必要な勧告または指示もしくは警告を行い、任意の対応を促します（標準67 I ）。

②これによっても改善がみられない場合には、やむを得ず、ごみの撤去等を求める訴訟を提起することになります。この訴訟の提起にあたっては、その請求の根拠について、規約違反に基づく請求とするか、それとも共同利益背反行為の停止等請求（法57以下）とするのかによって、①必要な決議は理事会決議、総会の普通決議または総会の特別決議のいずれであるか、②訴訟の原告となるべきは管理組合か管理者（または管理組合法人）のいずれであるか、③違約金としての弁護士費用を相手に請求することができるかなどの重要な点が変わってきますので（Q19参照）、必要な決議を行う前の段階から、弁護士に相談してください。

③一般論として、ごみ屋敷の住民の方は、後述のような何らかのトラブルを抱えていることが多く、そのためか、管理組合側の勝訴判決が確定したとしても、これに任意に従わないことも珍しくありません。その場合には、確定判決に基づき、ごみの撤去等の強制執行を行うことが必要となります。

② 専有部分内におけるごみの放置

他方、専有部分内は、原則として区分所有者（組合員）が自由に管理することができますので、管理組合としては、原則として、専有部分内のごみの問題について関与することはできません。

しかし、問題が専有部分にとどまらない場合、たとえば、異臭が専有部分外に漏れ伝わってくる、ゴキブリ等の害虫が専有部分外でも異常に発生している、マンション全体の安全のためにも不可欠な専有部分内の法定点検を合理的理由なく拒否しているなどの事情が存在する場合には、例外的に、管理組合がこれに関与することが可能となります。具体的に管理組合がとりうる措置については、共用部分のケースと基本的には同じです。

③ 後見制度や福祉へのつなぎが功を奏することもある

　安易な一般化や偏見は禁物ですが、近時の知見として、自宅をごみ屋敷にしてしまう方の一定数が認知症等に罹患していることが知られてきました。仮に、本設問の方がこれに該当する場合、単に前記のような法的措置をとるだけでは、問題は抜本的に解決しない可能性があります。

　本設問では、対象者は1人暮らしということですが、組合員名簿の緊急連絡先などから親族の存在が判明することがありますので、その場合は、親族と協力して、対象者を必要な治療や福祉へとつなげていくことが適切です。他方、親族の存在がわからなかったり、親族から協力を拒否された場合（実務上は、残念ながら、こちらのケースもたくさんあります）には、行政による福祉や家庭裁判所による後見制度などへとつなげていくことが適切です。

　特に、近時は、自治体において、いわゆるごみ屋敷条例と俗称される条例の整備が進んでおり、たとえば横浜市の場合、「横浜市建築物等における不良な生活環境の解消及び発生の防止を図るための支援及び措置に関する条例」が平成28年12月1日に施行されています。これらの条例に基づき、自治体による親族等の調査や本人の支援・指導、そして場合によっては行政代執行によるごみの撤去などが行われます。

　これらの対応は、一見すると遠回りですが、実際、これらの対応によって問題が抜本的に解決し、訴訟等の法的措置が不要となったケースもあります。

137

第4章 居住や利用についてのトラブル

Q38 「他人に迷惑をかけるおそれのある動物（小動物を除く）は飼育してはならない」との規約がある場合、犬や猫の飼育は禁止されていると解釈するべきか

当マンションでは、ペットについて「他人に迷惑をかけるおそれのある動物（小動物を除く）は飼育してはならない」との規約がありますが、実際には犬や猫の飼育をしている人が結構います。今般ペット問題について議論をした際、ペット賛成派の人たちから、犬猫はきちんと飼育をしている以上は「他人に迷惑をかけるおそれのある動物」ではないという主張が出されています。どう考えたらよいでしょうか。

▶▶▶ Point

① ペット飼育については規約において制限することができます

② 規約における定めについてはできるだけ具体的であることが必要です

③ 犬猫一般を「他人に迷惑をかけるおそれのある動物」とは断言できません

④ 禁止されていない動物でも「共同の利益に反する」飼育は認められません

1 ペットについての規約の定め

ペット飼育については規約でこれを禁止することができ、この場合、具体的な被害の発生の場合に限定されず、すでにペットを飼育している区分所有者に対しても禁止条項は及ぶ（規約改正における「特別の影響」（法31Ⅰ後段）はない）というのが現在までの裁判例です（東京高判平成6年8月4日）。根拠としては規約で区分所有者間相互の事項を定めることができること（法30）、ペット飼育がマンション内の他の区分所有者に有形無形の影響を及ぼすおそ

138

Q 38 「他人に迷惑をかけるおそれのある動物（小動物を除く）は飼育してはならない」
との規約がある場合、犬や猫の飼育は禁止されていると解釈するべきか

れのある行為であることなどがあげられています。

　したがって、ペット禁止の可否、禁止される動物の範囲、すでに飼育され
ている動物への適用の有無（いわゆる「一代限り」飼育許可）などは、規約で定
められている以上は一般的には有効と解釈されるものでしょう。

2 「他人に迷惑をかけるおそれのある動物」の解釈

　他方で、本来専有部分は、所有権の対象として区分所有者によって自由に
使用・収益・処分ができることが原則で、禁止される行為のほうが例外です。
したがって、規制自体はなるべく特定される必要があります。何が禁止され
ているかについては明瞭に定められていなければならず、逆に明確に定めら
れていない以上は許容されていると解釈される可能性があります。

　また、規約はマンションをこれから取得しようとする購入予定者に対して
も、マンションにおける規制を公示する機能を有しており、このため総会議
事録とともに規約の閲覧権が利害関係人に保障されています（法33Ⅱ・42Ⅴ）。
この点からも規約に明確に書いていないローカルルールが存在したとして
も、その有効性の判断は限定的に行われる必要があります。

　また、本設問のマンションの規約では「（小動物を除く）」とあり、他人に迷
惑をかけるおそれがあっても小動物なら飼育可能と読むことができます。こ
れを小動物についてだけ飼育は許諾されていると解釈するのは文理に反する
こととなります。また実際問題、小動物以外の動物がすべて「迷惑をかける
おそれがある」こととなるとは必ずしもいえません。しかも「小動物」の範
囲も特定されているとはいえず、それ自体あまり限定として意味がありませ
ん。

　以上からは「他人に迷惑をかけるおそれのある動物」一般の中に犬ないし
猫が入ると解釈すべきではないと考えます。犬猫の中でも「他人に迷惑をか
けるかどうか」がポイントであり、犬一般、猫一般として判断されるべきも
のではなく、それぞれの犬等の大きさ、品種、飼育形態、鳴き声、猫等の場

139

第4章 居住や利用についてのトラブル

合は去勢手術の有無、室内飼いかどうか等により判断が異なると思います。

3 「迷惑をかけるおそれのある」動物は何を指すのか

このように解釈すると、人によって「迷惑をかけるおそれのある」かどうかの判断が分かれるという批判があるかもしれません。そもそも犬一般、猫一般が「迷惑をかけるおそれがある」かどうかについての考え方も人によって区々なのです。これでは禁止する基準として不十分だという批判が十分に成り立つところでしょう。

本来そのような疑義が発生しうるというなら、最初から規約に「犬」「猫」などと明確に禁止しさえすればよいのです。逆にそのような動物の種別による明確な特定がない以上は、具体的に「迷惑をかけるおそれがあるかどうか」を個々の事例ごとに判断していくほかはありません。

こうすると本設例のマンションの規約における「迷惑をかけるおそれのある」動物の解釈にあたっては、その「動物」とは、一定の迷惑あるいは危害を人に与える可能性の高い動物（猛獣、蛇などが典型でしょう）、さらに犬でいえば鳴き声の大きな犬、大型犬などに限定されていると解釈されると思います。

4 使用細則等で定めた場合

いずれにしても、どのような種類の動物の飼育が規制されるかの基本点は規約に盛り込んでおく必要があると考えます。

もちろん、実際にはあらゆる動物についてその飼の可否を規約であらかじめ決めておくことは不可能です（たとえば「小鳥」は許可すると書いても種類・数等によっては迷惑が発生し得ます）。したがって、規約に基本的事項を定め、それ以外に使用細則、総会決議等によってこの「迷惑をかけるおそれのある」動物の判断基準、具体的な飼育の規制内容等についての定めをすることは許されます（コメント18②後段参照）。ただ、その場合も「犬、猫」などの禁止さ

140

れる動物の典型例は規約で例示すべきです。つまり、規約で「犬、猫その他他人に迷惑をかけるおそれのある動物」などと規定し、その詳細を使用細則等に委ねることとなります。

5 共同の利益に反する行為にあたる場合はその規定を発動する

もちろん、区分所有者の自由は「共同の利益に反する行為」であってならないことが前提ですから（法6）、具体的問題が起きれば、規約に特定の動物の飼育禁止が明示されていなくとも、その点からも規制が可能な場合もあります。

ペットについて、動物の種類として規制されていなくとも、具体的な飼育方法や迷惑の程度によって「共同の利益に反する行為」かどうかが判断されることは当然です。たとえば、猫の飼育が認められているマンションでも、多数の猫を飼って「猫屋敷」と化している住戸があれば、その行為は「共同の利益に反する行為」となり得ます。

なお、裁判例においては、「他の居住者に迷惑を及ぼすおそれのある動物を飼育しないこと」と規定された規約のもとで、屋内での1匹の猫の飼育および最大18匹の猫への餌やりを規約違反としたものがあります（東京地立川支判平成22年5月13日）。この判決の結論には異論はありませんが、判決理由の中で屋内での猫の飼育自体がこの規約に違反すると判断している部分については、これまで述べた観点から疑問を呈さざるを得ません。

第 4 章　居住や利用についてのトラブル

Q39 いわゆる「一代限り」の規約を廃止して、ペット飼育を全面解禁する場合、「特別の影響」はあるといえるか

　当マンションはペット飼育禁止ですが、かつて「一代限り」のペット（犬、猫）の飼育のみ認める旨規約を改正し以降その旨運用してきました。しかし、次第に「一代限り」ではなく、ペット自体の飼育を解禁すべきだとの議論が高まっています。これに対して、ペット反対派の中には猫アレルギーの方がいて、解禁されたらアレルギー症状がひどくなり健康にかかわると強く反対しています。その方の反対があると解禁は決定できないのでしょうか。

▶▶▶ Point

① 　ペット解禁については「特別の影響」が認められる可能性は少ない

② 　「特別の影響」がある場合の効果は規約の相対的無効か絶対的無効か議論があります

1 ペットについての規約の定め

　ペット飼育については、規約でこれを禁止することができることはQ38で述べたとおりです。本設問はこれとは逆に、ペットが禁止されているマンションにおいて、解禁をする場合にどのような法的問題が生じるかという点です。この場合も区分所有法31条1項後段に規定する規約改正における「特別の影響」の問題として一応考えることができます。

　区分所有法31条1項後段の「特別の影響」について判断した判例では、「規約の設定、変更又は廃止が一部の区分所有者の権利に特別の影響を及ぼすべきとき」とは「規約の設定、変更等の必要性及び合理性とこれによって一部

142

の区分所有者の受ける不利益とを比較衡量し、当該区分所有関係の実態に照らして、その不利益が区分所有者の受忍すべき限度を超えると認められる場合をいう」（最判平成10年10月30日）としています。ここでは、規制を新たに設けるような場合も、規制を解除する場合も、特定の区分所有者の受忍限度を超えていれば、「特別の影響」が成立すると考えることができます。

2 「ペット解禁」についてはどう考えるべきか

そもそもペット飼育を新たに規約で規制すること自体について、Q38のとおりその規制は「特別の影響はない」ものとされています（東京高判平成6年8月4日）。

また、解禁については、「特別の影響」による規約改正の無効を認めた場合には、実質的には、禁止により利益を受けていた者の既得権を守るという効力以上に、本来は自由に使用収益できる専有部分に関して、全面的に区分所有者において特定の使用方法が禁止された状態が継続されることとなってしまいます。この点から規制の緩和において「特別の影響」を認めることは、さらに慎重に考えるべきです。

本件では、すでにマンションにおいて「一代限り」の飼育が認められていることからすると、実際に反対者の中に猫アレルギーの方がいらしたとしても、他方で少なくともこれまで猫を飼育していた状況がマンションにおいて許諾されていた事情もあると思われます。猫アレルギーの程度にもよることとなりましょうが、私見では、このケースでは「特別の影響」はないと解されるのではないかと思います。

3 規制と解禁で考え方は異なるか

区分所有法31条1項後段は、「特別の影響」を及ぼすべき場合はその者の「承諾を得なければならない」と規定しています。それでは、その改正後の規約は「特別の影響を受けない者」には適用されないのでしょうか。

143

第4章 居住や利用についてのトラブル

　規約改正の内容にもよりますが、一般に専有部分で特定の行為を禁止するような規約改正の場合は、改正により特定の区分所有者に「特別の影響」があるとされた場合、守られるものはその特定の区分所有者だけであると考えています。「特別の影響」を受けない者に対しては規約改正は有効であると考えるべきではないでしょうか。これを相対的無効といいます。

　これに対して、規約で禁止されていた行為を解禁する場合はどうでしょうか。「特別の影響」を受ける者がいるとすると、その者との関係だけ規約改正を無効だとしても全く意味はありません。その場合は、規約改正の効力が全員に対しても無効であると解釈しないと「特別の影響」がある者の権利を守ることはできないことになりましょう。これを絶対的無効といいます。

　「特別の影響」がある場合、その効果が相対的無効か、絶対的無効かについては、規約改正の中身によるとしかいえません。たとえば、議決権の差異を設けた規約改正に「特別の影響」があるとされた場合は、その結果は絶対的無効となるでしょう。しかし、特定の行為を規制する規約改正は「相対的無効」と解してよいと思います。リゾートマンションで常住を禁止する規約改正がされた場合に、すでに常住している者に「特別の影響」があるかという問題で、東京高裁平成21年9月24日判決は、その規約改正は「当該区分所有者及び本件居室との関係で効力を有しない」と判断しています。そのような場合、「特別の影響」規定が既得権を守る規定として機能することを明示しており注目されます。

　相対的無効か、絶対的無効かによって、「特別の影響」が認められる範囲および受忍限度の判断は異なってくる可能性があります。ただし、この点はこれまで十分議論されていない点で、今後の議論が必要です。

144

Q 40　ペット飼育その他の規約違反行為に対し、管理組合の対応が不十分な場合、
　　　個々の区分所有者が規約違反を理由とする差止請求をすることはできるか

Q40 ペット飼育その他の規約違反行為に対し、管理組合の対応が不十分な場合、個々の区分所有者が規約違反を理由とする差止請求をすることはできるか

> 　築5年のマンションです。当マンションは規約でペット飼育禁止ですが、実際にはあまり守られていません。私を含む何人かのグループは総会等で再三問題提起をしていますが、理事会の中にもペットを飼育している人がいる状況で、全く状況は改まりません。この場合、私が区分所有者個人として、ペット飼育家庭に対しペット飼育をやめるように裁判を起こすことはできますか。

▶▶▶ Point

① 　区分所有者相互の規約遵守の請求は行えますが、訴訟は困難です

② 　管理組合に対し、違反者に規約遵守を求めることを請求することはできますが、訴訟は困難です

③ 　法的請求として個人の人格権侵害等で飼育者を訴えることが考えられます

④ 　受忍限度の判断においては、規約違反があることは重要な一要素となります

1 問題の所在

　ペット飼育について、規約でこれを禁止することができることはQ38で述べたとおりです。しかし、実際には規約が守られておらず、是正を求めても理事会等が対応しない場合どうしたらよいでしょうか。ペットに限らず、他の規約違反行為についても同様の問題が起きることがあります。

145

第4章 居住や利用についてのトラブル

2 規約に基づく差止請求は区分所有者個人が法的に行使できるか

　規約は区分所有法30条に基づき設定され、「建物又はその敷地若しくは附属施設の管理又は使用に関する区分所有者相互間の事項」について定めることができます。ペット飼育禁止などの専有部分の使用方法についての定めもこの規定に基づくものです。このように規約は、区分所有者相互の関係を定めるものですが、それでは規約違反があった場合はどのような対処が行われるのでしょうか。

　規約については、区分所有者間の一種の契約のように考え、相互に規約違反行為についてはその遵守を請求することができ、法的請求（訴訟等）も可能であるという考え方もあるかもしれません。少人数のマンションでは、管理規約を一種の組合契約のように解釈することで可能となる場合もあるでしょう。しかし、多くのマンションでは、このように区分所有者間の関係を契約関係として解釈することはなかなか困難です。

　また、規約には、規約違反があった場合の差止請求等について規定があることが普通です。標準管理規約では、規約違反についての勧告、指示、訴訟等の差止請求を理事長が行うことが定められており（標準67ⅠⅢ）、うち訴訟等の差止請求を行う場合は理事会決議によることを規定しています。

　また、ペット飼育は「共同の利益に反する行為」（法6）とされる場合も多く（東京高判平成6年8月4日）、そのような場合は、ペット飼育の差止請求（法57）は区分所有者相互がこれを行うことができますが、訴訟の提起については「集会の決議によらなければならない」（法57Ⅱ）と定められています。

　以上から考えますと、区分所有者個人が訴訟に至らない範囲で違反者に対し是正を請求することは認められるとしても、訴訟等法的手段をもって請求することは、規約の規定に従い理事会決議（標準67Ⅲ）ないし集会決議（法57Ⅱ）のもとで理事長（法57Ⅱの場合は理事長のほか集会で指定された区分所有者）

146

が行うほかはないと思います。

3 管理組合に対して「規約違反を理由としてペット飼育差止めを行うこと」を法的に請求できるか

次に、管理組合が本来規約で禁止されているペット飼育禁止をまじめに実行しようとしないのですから、管理組合に対して禁止事項を遵守するように徹底することを求めることは当然です。

ただ、これを法的に請求することができるかどうかは問題があるところです。管理組合は法人化されている場合は当然法人として、法人化されていない場合も規約に基づき運営されている場合は法人格なき社団として取り扱われます。このような場合は、管理組合と個々の区分所有者との関係は、団体とその構成員という関係となります。そして、管理組合では規約に従い、総会や理事会という機関の決定によって事務を行っていくものです。したがって、総会等で規約を遵守せよということを訴えていくほかはありません。あくまで多数派を形成していくこととなり、それを超えて直接管理組合に代わって訴訟等法的請求ができると考えることは困難です。

ペットの事案ではありませんが、規約を遵守しない区分所有者に対し、区分所有者が管理組合に代わって是正等を請求できるかどうかに関連して、裁判例では管理組合に対する監督是正権（東京地判平成4年7月16日）、管理組合のもつ請求権の区分所有者による代位行使（東京地判平成27年6月25日）などの主張は否定されています。

なお、理事長の規約無視の姿勢がひどい場合に、管理者としての地位の解任を訴訟上請求できるとの規定はありますが（法25）、それが認められたケースは極めて少ないのが実態です。

4 区分所有者個人の権利行使としての差止請求、損害賠償請求

最後に、区分所有者個人がその人格権等を侵害されたとして差止請求や損

第4章 居住や利用についてのトラブル

害賠償請求を行うことが考えられます（なお、前記Q38記載の東京地裁立川支判平成22年5月13日において屋内の飼い猫を除く屋外の猫への餌やり行為について個別の区分所有者の損害賠償請求を認めています）。

　この場合、ペット飼育によってどのような損害が個人に対して発生するかが問題となります。健康被害、精神的損害等を具体的に主張・立証していくことが必要となります。

　また、このような差止請求や損害賠償請求では、「受忍限度」を超えているかどうかという観点からの判断が行われるため、一定の困難が存在します。

　この「受忍限度」の判断においては、規約違反行為であることは重要な判断要素の1つとなるでしょう。この点に備えて、規約違反行為の是正をたびたび請求しているが遵守されていない、ということを立証できるようにしておいてください。

コラム③　規約に基づく請求と、共同の利益に反する行為の差止請求の関係

　規約に基づく差止請求は、標準管理規約では理事会決議に基づき理事長が行いますが、共同の利益に反する行為の差止請求訴訟は、総会（団地の場合は棟別の総会）の決議に基づいて行います。

　この2種類の差止請求は別々の制度です。規約違反行為は程度次第では「共同の利益に反する行為」となることが多いわけですが、両者が重なっている場合で、規約に基づく差止請求の方法を選択して管理組合が提訴するときに、総会決議を行わずに理事会の決議だけで提訴してよいかどうかについては見解が分かれています。標準管理規約型の規約の場合、共用部分への物品の放置の是正について、規約に基づく差止請求の形で理事長が裁判を行うこととした場合は、理事会決議だけで足りると判断した裁判例があります（大阪高判平成28年6月24日。反対：東京地判平成6年2月14日）。

148

Q41 シェアハウスや民泊を禁止することはできるか

Q41 シェアハウスや民泊を禁止することはできるか

当マンションは繁華街に近い場所にあるため、最近ニュースになっているいわゆるシェアハウスや民泊に利用されるのではないかと心配しています。理事会としては、これらを全面的に禁止したいと考えているのですが、そのためにはどのような対応が必要でしょうか。

▶▶▶ Point

① まずは規約に「専ら住宅」条項があるかどうかの確認をしましょう

② そのうえで、規約改正によってより明確に禁止することが望ましいです

③ すでにシェアハウスや民泊に利用されている場合は「特別の影響」の有無が問題となります

1 民泊対応の必要性

近年、専有部分内に家族ではない多数人が居住するいわゆるシェアハウスや、専有部分を主として外国人旅行者の宿泊施設として貸し出すいわゆる民泊に関する相談が増えています。実際にこれらが行われているマンションでは、不特定多数人の出入りに伴う防犯面での懸念のほか、夜間の騒音や警報器の誤作動、ルール違反のごみ出しなどの具体的な被害が生じているところも少なくありません。しかし、現在のわが国を取り巻く社会的、経済的情勢を踏まえると、今後、このような利用方法はますます増加していく可能性が高いといわざるを得ません。特に、民泊については、従前は適法に実施することが可能なものとしては、①国家戦略特別区域法に基づく旅館業法の特例に基づくもの（いわゆる特区民泊）、②農山漁村滞在型余暇活動のための基盤整備の促進に関する法律に基づく農林漁業体験民宿業として行われるもの、

149

第4章 居住や利用についてのトラブル

③イベント開催地の自治体の要請等により自宅を提供するような公共性の高いもので、反復継続して行われないために旅館業法の適用を受けないもの（いわゆるイベント民泊）に限られていましたので、通常、マンションの専有部分で行われている民泊は、違法な民泊、いわゆるヤミ民泊であることがほとんどでした。しかし、平成29年6月に住宅宿泊事業法が制定され、平成30年6月に施行されました。これにより、今後、同法に基づく「違法ではない民泊」の数が増加することが予想されていますので、対策は急務といえます。

2 規約による予防が重要

　標準管理規約に準拠した規約を有している管理組合においては、専有部分（少なくともその住戸部分）を「専ら住宅」として使用すること以外の用法は禁じられています。私見では、シェアハウスのうち、少なくとも、専有部分の面積に照らして合理的と考えられる居住者数を超えるものについては、「専ら住宅」にはあたらないと考えます。また、民泊については、住宅宿泊事業法に基づくものを除き、そのほとんどすべてが「専ら住宅」にはあたらないと考えます（なお、住宅宿泊事業法に基づく民泊が「専ら住宅」にあたり許されると考えているわけではありません）。裁判例においても、①シェアハウスについて、登記簿上の専有面積が44.46㎡である専有部分において、区画部分の数が3を超える態様での使用を禁じたものや（東京地判平成27年9月18日）、②民泊について、管理規約に違反するとしたもの（大阪地判平成29年1月13日）などがあります。

　しかし、「専ら住宅」という文言は抽象的であり、そのため、その解釈には一定の幅があることは否定できません。特に、住宅宿泊事業法に基づく民泊は、その法律の名称のとおり、当該宿泊場所が「住宅」であることを前提としていますので、同法に基づく民泊が「専ら住宅」にあたらないといえるのかどうか、予断を許しません。よって、管理組合としてこれらの禁止に実効性をもたせるためには、もう少し明確性のある規定でもってこれらの禁止を

150

うたうことが望ましいと考えます。

　それでは、どのような内容の規約の改正が望ましいのでしょうか。大きな考え方としては、①禁止すべき用法について、人数や期間などの点について具体的かつ詳細な規定をおき、何が禁止されているのかを明確に示す方法と、②ある程度包括的な（しかし、「専ら住宅」よりは具体的な）規定をおくことで広く網をかける方法があると思います。どちらも一長一短があるところですが、私見では、①の方法だと、規約が明確すぎるがゆえに、今後、新しく専有部分を利用するビジネスが生まれ、それが形式的には規約に違反しないという事態が生じた場合に、迅速な対応ができないというリスクがあることから、②の方法が優れていると考えています。

　なお、いずれの方法による場合であっても、住宅宿泊事業法に基づく適法な民泊の実施を阻止するためには、「住宅宿泊事業法に基づく民泊その他適法な民泊についても、これを許さない」という趣旨が明確にわかるようにしておくことが必要でしょう。また、いずれの方法による場合においても、規約に違反して専有部分をシェアハウスや民泊に使用した組合員に対して、この問題の対応に要した弁護士費用の全額等の一切の費用を違約金として請求することができる旨の違約金条項をおくべきです。

3　すでにシェアハウスや民泊として使用されている場合の対処方法

　では、これらの規約改正を行う前に、すでに専有部分がシェアハウスや民泊として使用されてしまっている場合はどのように対処すべきでしょうか。

(1)　シェアハウス

　まず、規約に「専ら住宅」条項が存在する場合には、前記のとおり、シェアハウスの居住者の人数や居住態様によっては「専ら住宅」にあたらないケースがあり得ますので、そのような場合は、「専ら住宅」条項に違反することを理由として、シェアハウスとしての使用の差止め等を当該組合員に対して請

第4章 居住や利用についてのトラブル

求することになります。

　他方、規約に「専ら住宅」条項が存在しない場合には、その差止め等を請求するためには、単に当該専有部分がシェアハウスとして使用されていることだけでは足りず、シェアハウスとしての使用が区分所有者の共同の利益に反していると評価できることが必要となりますので、請求が認められるためのハードルが高くなります。

(2) 民泊

　前述のとおり、住宅宿泊事業法の施行前においては、適法に実施することが可能な民泊の類型は非常に限られていましたので、通常、マンションの専有部分で行われている民泊は、違法な民泊、いわゆるヤミ民泊であることがほとんどでした。よって、このようなものが、規約によって許容されている「専ら住宅」に該当する余地はないというべきですから、規約に違反するものとして、差止請求を行うことが可能であると考えます。

　また、仮に「専ら住宅」条項がない場合であっても、ヤミ民泊であれば、それが区分所有者の共同の利益に反していると判断される可能性は、シェアハウスの場合よりも格段に高いと考えますので、共同の利益に反していることを理由とした差止請求も可能である場合が多いと考えます。

　他方、住宅宿泊事業法に基づく適法な民泊については、前述のとおり、直ちに「専ら住宅」に該当する余地がないとは言い切れないと判断される可能性がありますので、注意が必要です。

(3) 「特別の影響」との関係

　さらに、前記 2 で述べた規約改正後に、改正後の規約に基づいて、シェアハウスや民泊の差止請求を行うことも考えられます。

　これに対しては、シェアハウスや民泊を行っている組合員から、「これを禁止する規約の改正は、『特別の影響を及ぼすべきとき』（法31 I 後段）にあたるから、私との関係では無効だ」という反論がなされることが予想されます。

　この点、すでに「専ら住宅」条項が存在するのであれば、規約改正時に、

152

その改正理由として、「新たにシェアハウスや民泊を禁止するのではない。これらは『専ら住宅』条項によって元々禁止されているのであるが、より文言を明確化して無用な紛争を招かないようにするために、規約改正という形式をとるだけである」という点を、総会の議案書および議事録において明確にしておくことが重要です。そのうえで、民泊については、前述のとおり、従前ではそのほとんどすべてが違法でしたから、「特別の影響」があると判断される余地はほとんどないと考えられましたが、今後発生しうる住宅宿泊事業法に基づく適法な民泊については、「特別の影響」があると判断される可能性も否定できませんので、マンションの立地その他の住環境などの、民泊を規制する必要性等について丁寧に説明することができるようにしておくことが重要です。

他方で、シェアハウスについては、その具体的な態様等によっては、「特別の影響」があると判断される可能性もありうるところですので、事前に慎重な検討が必要です。

4 補足──特別決議による規約改正が困難な事情がある場合の対処方法

以上のとおり、シェアハウスや民泊に対する対応としては、何よりも事前の防止策が重要ですが、管理組合によっては、諸般の事情により、規約改正に必要な特別決議の成立が困難なところもあるでしょう。そのような場合、Q47でご紹介した考え方を利用すれば、普通決議によって、規約改正と同等の効果を得られる可能性がありますので、弁護士に相談のうえで最善の対策をとってください。

第4章 居住や利用についてのトラブル

コラム④ 理事会決議で民泊を禁止できる？

　Q41にて述べたとおり、民泊の禁止は、規約（または総会の決議。Q41および44を参照してください）によって事前に行うことが重要です。標準管理規約においても、民泊を禁止する場合の条項例が12条2項として定められるに至っています。

　ところが、マンション管理の現場において、「理事会決議であっても、民泊を禁止することができる」という言説を聞くことがありますが、これは正確ではありません。

　民泊は専有部分の使用方法に関する問題ですので、管理組合と民泊実施希望者との間においては、これを禁止するためには、規約（または総会の決議）によることが必要です。

　他方、住宅宿泊事業を営もうとする者は、都道府県知事等に対して届出をする必要があるところ、かかる届出には、「管理組合……に……住宅宿泊事業を営むことを禁止する意思がない旨」の記載が必要です（住宅宿泊事業法施行規則4条3項13号）。この点について、厚生労働省および国土交通省が発表した住宅宿泊事業法施行要領（ガイドライン）は、「管理組合……に……禁止する意思がない」とは、「総会や理事会における……禁止する方針の決議がないこと」をいうと解釈しています（ガイドライン2－1(2)①）。よって、ガイドラインによれば、住宅宿泊事業を営もうとする者と、その届出を受ける自治体との間における公法上の関係においては、民泊を禁止する旨の理事会決議が存在することによって、当該届出は法律上の要件を満たさないものと解釈されることになります。

　冒頭の言説は、かかる公法上・業法上の「官対民」の議論を、「民対民」の関係にもあてはめてしまったものと考えられます。もちろん、管理組合として、上記の議論を理解したうえで、迅速に行うことができる理事会決議によって、戦略的に民泊の実施を阻止することはあってよいと思いますが、トラブルの回避のため、その後速やかに、規約（または総会の決議）によって民泊を禁止すべきです。

154

Q 42　反社会的勢力の排除のためには、規約にどのような条項をおくとよいか

Q42 反社会的勢力の排除のためには、規約にどのような条項をおくとよいか

　暴力団員など反社会的勢力を排除するために規約を改正作業中です。どのような点に留意したらよいでしょうか。

▶▶▶ Point

① 暴力団事務所としての利用は現時点で抗争等がなくとも排除し得ます

② あらかじめ規約に暴力団（員）の使用を阻止する規定をおきましょう

③ 違約金の定めをおきましょう

④ 役員就任を阻止する条項をおきましょう

1 問題の所在

　暴力団など反社会的勢力については、社会をあげてその撲滅のために努力が重ねられています。ここで暴力団員とは、暴力団員による不当な行為の防止等に関する法律に規定する暴力団員（同法2⑥）のことを指します。また「反社会的勢力」とは同法の暴力団、暴力団員以外に暴力団準構成員、暴力団関係企業、総会屋等、社会運動等標榜ゴロ、特殊知能暴力集団等（警察庁「組織犯罪対策要綱」）などを含む概念とされていますが、その定義についてはなるべく明確にしておくことが必要です。

2 暴力団事務所に関する裁判例の動向

　まず暴力団に関する裁判例をみてみましょう。暴力団事務所がマンションに存在し、抗争事件が発生するなどして住民に危険が及んでいるような場合に、その事務所としての使用を差し止めることは当然のことで、最高裁昭和62年7月17日判決をはじめ多数の裁判例があります。これらの判例は、暴

155

力団事務所としての使用が「共同の利益に反する行為」（法6）にあたるとして、事務所としての使用の差止め（法57）、専有部分の使用禁止（法58）、競売請求（法59）、また占有者に対する引渡請求（法60）を認めたものです。

さらに福岡地裁平成24年2月9日判決は、専有部分の使用禁止請求の事案において、「他の方法では共同生活上の障害を除去して共同生活の維持を図ることが困難である」との区分所有法58条の要件については、「被告が本件専有部分を住戸として使用していると称していても、事実上暴力団事務所として使用する可能性があること」を理由として使用禁止を命じています。仮に一見平穏な状況が続いているとしても、暴力団事務所を排除することは可能といえるでしょう。

3 規約による予防措置

しかし、住民の生命、身体、財産、平穏な生活を保護するためには、現実に問題が発生してから対処するのでは遅く、解決に手間暇もかかり、その間の住民の心労も尋常なものではありません。マンションの中に暴力団が入り込まないように、あらかじめ防止することが大事であって、そのためには規約において手当てをすることが必要となります。

標準管理規約の平成28年改正においてはこの点について一条を設け、区分所有者が専有部分を第三者に貸与する場合は、借主が暴力団員でないことおよび入居後暴力団に加入しないことを確約すること、借主が暴力団員であることが判明した場合は何ら催告を要せずして契約を解除することができること、区分所有者がこの解除権を行使しないときは管理組合が区分所有者に代理して解除権を行使することができること、貸主は以上の解約権代理行使を認める書面を・借主は暴力団員ではないことおよび契約後暴力団員とならないことを確約する旨の誓約書を管理組合に提出しなければならないこと、以上の各点を規定例として定めました（標準19の2）。なお、コメント19条の2関係では、「暴力団員」以外の反社会的勢力について規約に定める場合は、

地域の暴力団排除条例を参考にするよう推奨していますが、暴力団排除条例の定め自体があいまいである場合もあり注意が必要です。

このほかに、そもそも暴力団事務所としての専有部分の使用禁止、暴力団員を出入りさせる行為の禁止等を定めることもできます（コメント12②）。また出入りさせる行為のみらなず、暴力団が行うことの多い行為類型（専有部分への暴力団の看板・代紋・提灯等の掲示、暴力団員の居住、専有部分等を問わず建物および周辺での暴行、傷害、恐喝、脅迫、器物損壊、凶器準備集合、賭博、覚醒剤等薬物犯罪等の犯罪行為）を禁止し、また暴力団員による滞留行為、乱暴な言動などの禁止をまとめて規定しておくことも考えられます。これらの禁止はある意味当然のことを規定することになりましょうが、暴力団対策をきちんとうたっている物件であることを内外に示し、違反に対し直ちに制裁を発動するうえでも有効です。

さらに、暴力団員や暴力団事務所として使用していること自体の違約金を定め、その場合暴力団排除のための諸費用（弁護士費用も含む）は違約金として、違反した区分所有者、占有者であるところの暴力団（員）から徴収することができることを定めることが必要です。これに加えて、貸借において前記書面を提出しない場合の違約金については、具体的に額を定めておく（提出するまでの間1カ月あたり〇万円）と、提出しない行為を防止することができるでしょう。また、居住者名簿の提出等（コメント19④）を規約上義務づけることとすることも有効な防御策となります。なお、居住者名簿とプライバシーの関係はQ51を参照してください。その他、標準管理規約以外にもさまざまな規約例が提案されていますので、参考にしてください。

4 暴力団員の役員就任の阻止

標準管理規約の平成28年改正では、管理組合の役員資格について、暴力団員（暴力団員でなくなってから5年以内の者を含む）などにつき役員資格を与えないことを加えました（標準36の2）ので、この点も参考となります。

157

第4章 居住や利用についてのトラブル

Q43 反社会的勢力への区分所有権の譲渡を禁止する規約は有効か

　暴力団対策としては、暴力団員等反社会的勢力への区分所有権等の譲渡を禁止するのが一番よいと思いますが、無効だという意見もあります。どのように考えたらよいでしょうか。

▶▶▶ Point

① 暴力団への譲渡につき禁止等を規定することは可能です

② ただし、禁止規定があるにもかかわらず譲渡された場合は、阻止することは難しいです

③ 譲渡について事前に申告させ、事前に調査する条項も考えられます

1 暴力団員等への譲渡の禁止

　暴力団員等のマンションへの侵入を防止するためには、暴力団員等への譲渡の禁止を規約で決めるのが一番ストレートな規制ということとなります。譲渡の禁止までは定めないとしても、各地の暴力団排除条例においては地域により内容が異なりますが、

　① 取引の相手方が暴力団でないことを確認する努力義務

　② 取引の相手方が暴力団員であることが判明した場合、何の催告なくして契約を解除することができる旨の条項を契約に加える努力義務

　③ 宅地・建物の譲渡等においては相手方に対し宅地・建物を暴力団事務所に用いることがないように確認する努力義務

　④ 暴力団事務所に使用されることを知って譲渡することの禁止条項

等が定められています。これら各条例に記載されているような規定を、管理規約の中に設けることについては問題はないと思います。そして、これらを

158

設けることによって暴力団員等への譲渡をある程度は防止することができると考えられます。

Q42で解説した平成28年の標準管理規約改正においては、この点コメントで「暴力団員への譲渡については、このような賃貸契約に係るものと同様の取決めを区分所有者間で結ぶといった対応をすることが考えられる」と述べ、規約には定めないという態度をとっています。規約に定めたとしても譲渡自体を止めることはできないことを配慮したためだとは思いますが、同改正では賃貸規制を行うことまでは規約例を明確に定めているのと比して、少々消極的すぎるものといわざるを得ません。

「企業が反社会的勢力による被害を防止する指針」（犯罪対策閣僚会議幹事会申合せ）では、契約書における暴力団排除条項を設けるべきことが定められ、不動産業界でも、宅地建物取引業者が用いる売買契約書・媒介契約書には、多くの場合、

①　売買契約当事者が反社会的勢力でないことを確認し

②　違反した場合は契約を解除すること

等の定めがすでにおかれています（「不動産流通４団体による、不動産取引からの暴力団等反社会的力の排除に向けた取組について（暴力団等反社会的勢力の排除のためのモデル条項の導入）」国土交通省ウェブサイト参照）。したがって、これらを参考にした条項を、区分所有者が売買等を行う場合は契約に盛り込むべきことを、管理規約にて規定することは十分に考えられます。また、これに違反した場合の違約金制度を設けておくことも、暴力団員等への譲渡予防になるでしょう。

2　違反に対する効力

ただし、実際にはこれらの規定を管理規約に設けても、規約に違反した譲渡が行われ暴力団員等が区分所有権等を取得したときは、その譲渡自体を無効とすることとはならない点は注意が必要です。所有者は「法令の制限内に

第4章 居住や利用についてのトラブル

おいて、自由にその所有物の使用、収益及び処分をする権利を有する」（民法206）とされています。暴力団員に対し譲渡すること自体を無効とする法令はなく、また現実的にそのような立法を行うのは困難です。

したがって、譲渡そのものを規約で制約しても、効果としては、規約に違反した区分所有者に対し違約金を課する等の制裁を加えること以上は、現実問題としてできません。

また、競売によって暴力団員が取得することもありうるため、実施には「尻抜け」の規制となってしまうことは否めません。この点は法改正が望まれます。

3 譲渡の事前届出義務

また、規約によっては、譲渡をする際に契約の前に買主候補者、仲介業者等を届出させ、管理組合が必要な調査を行う旨の規約例もあります。これも事前の阻止のための1つの手段となるでしょう。調査により買主が暴力団員等であることがわかった場合、売買中止を求める勧告を行うことを定めることも可能です。ただし、勧告に従わず譲渡が強行された場合は、2と同じ問題となります。

160

Q44 反社会的勢力の排除を規約で新たに決めた場合、すでに居住している反社会的勢力構成員との関係では新たな規約は有効となるか

　当マンションでは、暴力団対策として新たに暴力団員等反社会的勢力への区分所有権の賃貸・譲渡の禁止等を盛り込んだ管理規約改正を検討しています。ところが、すでに1軒暴力団員が賃借している住戸があります。この住戸との関係で規約改正は効力を生じますか。

▶▶▶ Point

① 暴力団等排除条項の新設については「特別の影響」はないと考えられます

② ただし、既存暴力団員等の住戸に関してはさかのぼって適用することが不能な条項があり得ます

1 暴排条項と「特別の影響」

　暴力団員等の定義、また賃貸・譲渡の規制を盛り込むとした場合の管理規約の条項についてはQ42・Q43のとおりです。

　本設問では、これまでこのような規制がないマンションにおいて新たに規約で規制を設けることとなった場合に、区分所有法31条1項後段の「一部の区分所有者の権利に特別の影響を及ぼすべきとき」に該当するかどうかが問題となります。「特別の影響」がある場合とは、Q39で解説したとおり、規約設定の必要性および合理性とこれによって一部の区分所有者の受ける不利益とを考量し、当該区分所有関係の実態に照らして、その不利益が区分所有者の受忍すべき程度を超えると認められる場合をいう、とされています。それでは暴力団排除条項についてはどうでしょうか。

161

第4章 居住や利用についてのトラブル

　契約関係同士の場合、暴力団排除条項が導入される前からの取引について、さかのぼって解除等をなすことができるかどうかについては、慎重な配慮が要求されることはいうまでもありません。しかし、管理規約は契約というよりもマンション区分所有者が構成する「団体」(法3)における自治的な法規範という側面を有するものであって、管理組合総会の組織的決定(集会における区分所有者および議決権の各4分の3以上の多数による特別決議)によって、これを改めていくことができるものです。4分の3以上という多くの区分所有者が規約を改めるという決定をしたこと自体、1つの合理的な判断を加えたものと考えるべきで、「特別の影響」による一部区分所有者の不利益への配慮はそもそも例外的であると考えることとなります。

　ことに暴力団の規制については、人命の保護、住居の平穏の確保、さらに各種犯罪行為への暴力団の関与の排除の実現のため社会的、法的な必要性が高いものと考えられます。現にこの趣旨から暴力団員による不当な行為の防止等に関する法律、暴力団排除条例等の立法が進み、さらに業界団体等においても暴力団等排除のための契約条項の整備等が進められています。マンション管理規約において暴力団排除条項(暴排条項)を設けることは必要性、合理性ともに高度なものであると考えられます。

　これに対して不利益を被る側である暴力団員側あるいは貸与している区分所有者側の利益は侵害されるでしょうか。規約の条項にもよりますが、暴力団員の排除は高度の必要性があることが多く、これに対し区分所有者の受ける不利益は暴力団員には賃貸ができなくなるということだけで、それ以外の者に対する賃貸が妨げられるものなどではなく、受忍すべき限度を超えているとはいえないからです。

　したがって、「特別の影響」があるとされる条項はないと考えられます。各条項の内容に応じて、改正された規約で適用できるものには適用されることとなります。

Q44 反社会的勢力の排除を規約で新たに決めた場合、すでに居住している反社会的勢力構成員との関係では新たな規約は有効となるか

2 賃貸借禁止・制限条項の適用範囲と具体的方法

　貸与する場合に暴力団員でないこと等を確約する条項や借主が暴力団員であることが判明した場合は契約を解除することができる旨約定するべきとの条項等については、すでに貸与契約が開始してしまっている以上は、さかのぼって暴力団排除条項が賃貸借契約に自動的に加わることにはなりません。

　しかし、規約改正後期間満了により契約を更新する場合、当然このような暴力団排除条項を加えない限りは新たな契約を締結することはできませんし、区分所有者としてはさせてはなりません。暴力団員がその時点で暴力団を辞めていない限りは、仮に暴力団員でないという確約がなされても、そのような確約は虚偽のもので管理組合としては確約書を受理することはできません。更新の前に暴力団員でないとの確約書を提出させることは、区分所有者の規約上の義務となりますので、提出しない以上は更新拒絶をするべきです。これは、借地借家法上の更新拒絶の理由に十分なりうることです。

　問題なのは期間の定めがない賃貸借契約の場合、マンションの規約改正を理由に契約を中途解約できるかという問題です。この点は個別の賃貸借契約に基づくこととなりますが、使用貸借契約、一時賃貸借の場合はいつでも民法等の法理に従えば解約できる場合も多いと思います。借地借家法の適用がある場合でも正当事由が具備されることは前記のとおりです。

　解約の代理権授与条項については当然適用されることとなります。管理組合に対して代理権を授与する書面を区分所有者が提出しない場合、それ自体が規約違反となります。多くの場合、解約権行使や更新拒絶の権利行使を区分所有者が行使することは困難ですから、代理権授与の書面は規約改正後直ちに提出させておくべきでしょう。

　暴力団事務所としての使用禁止、犯罪行為の禁止条項が即座に適用となることは当然のことです。

　以上の定めを遵守しない場合の違約金条項も当然に有効です。

163

第4章 居住や利用についてのトラブル

このように規約の各排除条項ごとに、その適用の可能性、範囲を考えていくことが必要です。

3 譲渡禁止・制限条項の適用範囲と具体的方法

暴力団員等への譲渡の禁止や、譲渡における事前審査条項については、譲渡という1回限りの行為に対する規制ですから、一般に「特別の影響」が発生しないことは当然です。

問題となるのは規約改正前に、譲渡（売買等）契約が締結され、改正時に履行（代金決済、登記移転、引渡し等）が未了の場合などが考えられます。譲渡自体は契約のみならず引渡し、代金決済までの一連の行為ですから、それが終了していない場合は、原則として新たな規約の譲渡禁止の制限にかかると考えられます。また、改正規約の定める譲渡制限が暴力団排除条例等に準拠している場合は、宅地建物取引業者のつくる売買契約条項は暴力団排除条例に準拠していることが多いと思いますので、一般的には白紙解除が認められるでしょう。

管理組合としては解除を求める姿勢を断固明らかにし、当該区分所有者とともに暴力団追放運動推進センター等に相談してください。

164

Q 45　騒音などの住民間トラブルに管理組合はどこまで関与できるか

Q45 騒音などの住民間トラブルに管理組合はどこまで関与できるか

当マンションの居住者である組合員の方から、理事会に対し、「上階からの騒音で夜も眠ることができず、困っている。直接上階の人に注意をしても改善されなかったことから、今後は管理組合が対処してほしい」と要望がありました。理事会としては、あくまで当事者間の問題として対処してほしいというのが本音なのですが、とはいっても、このまま放置して、被害者の方から私たちの責任を追及されても困ります。管理組合として、どのように対処したらよいでしょうか。

▶▶▶ Point
① 原則は、被害者と加害者との間における問題にとどまります
② 例外的に、被害者が複数戸にわたる場合などは、管理組合を当事者とする問題になり得ます

1 多発している騒音トラブル

騒音トラブルは、共同住宅であるマンションにおいては完全に避けることは困難であり、そのため、マンションに関するトラブルの中でも、常にその発生件数において上位を占めるトラブルです。そして、騒音は、一度気になってしまうと、なかなかこれを気にすることなく生活することが困難となるという性質があることから、トラブルの解決が難しく、深刻な対立に至ることも珍しくありません。騒音トラブルが原因の訴訟も、数多く提起されています。

2 騒音トラブルの法的な当事者

このような騒音トラブルですが、法的に整理すると、原則として、「加害

165

者（であると主張されている者。以下、単に「加害者」といいます）の行為によって、被害者（であると主張する者。以下、単に「被害者」といいます）の人格権が侵害されたと評価できるか否か」という問題になります。これは、実際の訴訟の場面においては、「被害者の、加害者に対する、人格権に基づく、騒音の差止請求権の有無」や、「被害者の、加害者に対する、人格権（の侵害）に基づく、慰謝料（損害賠償）請求権の有無」の問題となります。そして、この人格権は、属人的な権利（その人に固有の権利）ですから、この紛争の法的な意味での当事者は、あくまで、被害者と加害者に限られ、管理組合は、原則として無関係です。

　よって、管理組合は、騒音トラブルに関与するとしても、その立場は、事実上の紛争の調停者としてのものに限られます。このことの帰結として、たとえば、管理組合が騒音トラブルにについて専門家に対して相談を行った場合において、当該専門家に対し、管理費（管理組合のお金）からその相談料等を支払うことが可能か、という点が問題とされることがあります（私見では可能であると考えています）。また、管理会社も、管理組合とは直接無関係である紛争について何かしらの関与を行うことは管理委託契約の範囲外ですから、騒音トラブルについて直接的に関与することはできません。

３　管理組合も当事者となりうる場合

　もっとも、例外的に、管理組合が騒音トラブルの当事者となりうる場合があります。それは、たとえば、騒音の被害が複数戸にわたって発生している場合や、騒音トラブルの加害者が、騒音のほかにも迷惑行為に及んでいる場合などです。このような場合は、加害者によって侵害されている権利が、被害者の属人的な人格権にとどまらず、広く区分所有者全体の共同の利益に及んでいると考えられるからです（本当に、共同の利益が侵害されているか否かは、最終的には裁判所によって判断されます）。

Q 45 騒音などの住民間トラブルに管理組合はどこまで関与できるか

4 本設問の結論

　よって、管理組合の対応としては、まずは、第三者の立場において紛争の調停者として慎重に対応し、それに限界が生じた場合には、被害者に対し、これ以上は管理組合としては対応できない旨を伝えることも時には必要となるでしょう。

　他方、被害が共同の利益にも及んでいると考えられる場合には、加害者に対し、訴訟外の警告等を行ったうえで、規約違反に基づく差止請求や、区分所有法57条以下の迷惑行為者に対する各請求を行っていくことになります。

第4章 居住や利用についてのトラブル

Q46 工事に協力しない住民にどのように対応すべきか

　当管理組合では、このたび、老朽化した排水管の一斉交換工事を実施することになったのですが、この工事のためには、各専有部分への入室をしたうえでの工事が不可欠です。ところが、組合員のＡさんが、「絶対にうちには誰も立ち入らせない」と言ってききません。このままでは、配管の構造上、Ａさんの下階の方が漏水の危険にさらされ続けてしまうため、Ａさん宅へ入室したうえでの工事を実施しないという選択肢はとり得ません。どのように対応すればよいでしょうか。

▶▶▶ Point
① 強制執行を実施する前の段階での説得等が功を奏することがあります
② 最終的には強制執行によりますが、容易ではありません
③ 反対者の専有部分や専用使用部分のみ工事を実施しないことも許される場合があります

1 問題の背景事情

　近時、本設問のような相談は急増している印象があります。その背景事情はさまざまですが、工事の実施をめぐる意見の深刻な対立や、いわゆるセルフネグレクトが原因のごみ屋敷の問題（恥ずかしいので、他人に見られたくない）などがあるようです。

2 自力救済は禁止されている

　この点、仮に、工事に反対であっても、組合員である以上、適法な総会の決議に拘束されますので、工事を拒否することは許されません。他方で、だ

168

からといって、管理組合やその委託を受けた工事業者が、組合員の拒絶を押し切って室内に入室することも許されません（違法な自力救済）。よって、管理組合としては、反対者を相手方として、法的措置をとる必要があります。

3 工事妨害禁止請求訴訟

このような法的措置としては、まず、反対者を被告として、工事妨害禁止請求訴訟を提起することが一般的です（緊急性のあるケースでは、仮処分という民事保全手続を申し立てることもあります）。これに管理組合が勝訴して判決が確定した場合、反対者は、特定の工事を妨害してはならないとの不作為義務を負うことになります。多くのケースでは、この段階で反対者も観念し、工事が円滑に実施されています。

4 強制執行

しかし、反対者がなお入室拒否の姿勢を崩さない場合、管理組合としては、やむを得ず、裁判所に対し、強制執行の申立てを行うことになります。この場合の強制執行の種類は、代替執行と間接強制の2通りがあります。

(1) 代替執行

まず、代替執行とは、債権者（管理組合）による申立てを受けた裁判所（以下、「執行裁判所」と呼びます）が、債権者（管理組合）に対し、債務者（反対者）に代わって、その妨害状態を除却する行為を、債務者以外の者（通常は執行官です）に実施させることを決定（これを授権決定といいます）する方法により行われる強制執行です（民事執行法171Ⅰ）。管理組合は、この授権決定に基づき、執行官に対して代替執行実施の申立てを行い、最終的には、執行官が反対者による妨害状態を除却することになります。

代替執行による場合には、どのような授権決定を求めるかなどの困難な問題がありますが、民事執行法は、執行裁判所が授権決定をする場合には、債務者（反対者）を審尋（裁判所に呼び出して、意見を聞く手続です）しなければ

第4章 居住や利用についてのトラブル

ならないと定めているところ（民事執行法171Ⅲ）、この審尋は、反対者が、裁判官から最後の説得を受ける機会としても機能しており、この段階で任意の協力が得られるに至るケースも想定されます。

(2) 間接強制

次に、もう1種類の強制執行方法である間接強制とは、債権者（管理組合）による申立てを受けた執行裁判所が、債務者（反対者）が行ってはならない行為を特定したうえで、その履行確保のために相当と認める一定額の金銭（強制金）を、債権者（管理組合）に対して支払うべき旨を命ずる（強制金決定）方法により行われるものです（民事執行法172Ⅰ）。金銭の支払いというプレッシャーを与えることで、任意の履行を強いる手法です。

間接強制は、代替執行ほどの難易度はないことが通例ですが、この場合においても、代替執行の場合と同様に、裁判官による債務者（反対者）に対する審尋の機会がありますので、この段階で任意の協力が得られるケースもあるでしょう。

5 工事の不実施

最後に、本設問とは直接関係しませんが、組合員が工事に協力をしなかったため、管理組合がやむを得ず当該組合員の専有部分または専用使用部分に関する工事（バルコニーの防水工事が典型です）を実施しなかった場合において、その後、当該組合員が、管理組合や理事に対し、自らの専有部分または専用使用部分に関する工事を行わなかったことが違法である、と主張してくるケースがあります。

しかし、常識的に考えて、本当に組合員が工事に協力しなかったのであれば、管理組合としては、最終的に、当該組合員に関する工事を断念することもやむを得ないというほかないでしょう。このような事案が争われたものとして、東京地裁平成24年3月28日判決があります。この判決は、総会における工事実施の決議の性質について、理事会に対して工事の実施を義務づけ

170

Q 46 工事に協力しない住民にどのように対応すべきか

る趣旨ではなく、工事を実施する権限を授与したものであると解したうえで、理事会には、工事実施について一定の裁量があることから、工事を実施しなかったことがその裁量を逸脱したものと認められない限り、管理組合や理事は損害賠償請求義務を負わないと判断しました。

　管理組合としては、この判決を参考として、あらかじめ工事妨害等が予想される場合には、工事実施の総会決議の段階において、一定の場合には特定の組合員に関してのみ工事を実施しないことができることについても、あらかじめ承認を得ておくとよいでしょう。

171

第4章 居住や利用についてのトラブル

Q47 規約ではなく総会の決議によって重要なルールを定めることは許されるか

　私は、私名義のマンションにおいて、毎回３名から10名程度の方を対象に、お菓子作りの教室を開いているのですが、このたび、管理組合の総会の案内が届いたので見てみたところ、「専有部分は専ら住宅として使用するものとし、事務所、教室その他の営業活動は一切禁止する」という内容の議案が記載されていました。

　そのようなことは規約のどこにも書いていないので、議案の内容自体も問題であると思いますが、そもそも、こんな大切なことを、規約の改正ではなく、単なる決議によって決めてしまうことができるのでしょうか。私のマンションの総会では、これまで例外なく、特別決議事項以外のすべての議案が委任状だけで可決されてしまっていることからしても、大変な問題だと思います。

▶▶▶ Point

① 　見解は分かれていますが、総会決議で定めることは可能と考えます

② 　いずれにしても「特別の影響」による歯止めがあります

1 規約と総会決議との違い

　「総会決議よりも規約のほうが厳格で、重要だ」という感覚は、多くの方の素朴な心情であると思います。

　そして、これは、①規約の変更は、区分所有者（頭数）および議決権（持分）の各４分の３以上の賛成が常に必要であるのに対し（特別決議）、総会決議は、区分所有者および議決権の各過半数で足りる（普通決議の場合）という法律の規定や、②「管理組合の最高規範」、「管理組合の憲法」としての規約のイメー

172

ジ、③規約は規約集のような形で冊子化されていることが多いが、総会決議はそうではないことが多いという、目に見える「重み」（実務上、この点は軽視できないと思われます）などがその根拠となっているものと思われます。

そして、①標準管理規約に準拠した規約の場合、普通決議の要件が、ⓐ頭数要件が撤廃されている点、ⓑ議決権も「出席組合員の」議決権で足りる点で大きく緩和されていること、②実際に、多くの管理組合において、このように緩和された普通決議の要件は、委任状によって総会開催前からクリアされてしまっていることなどの事情を考慮すれば、前述の感覚はより一層尊重されるべきもののようにも思えます。

2 どのような方法でルールを規定するかは団体自治に委ねられている

しかし、区分所有法は、いわゆる絶対的規約事項（規約で定めなければ効力が認められない事項）を除いては、規約で定めることができる事項と、総会決議で定めることができる事項とを区別していません。

むしろ、区分所有法は、特定承継人に対する効力（法46Ⅰ）および占有者が負うべき義務の程度（同Ⅱ）の定めにおいて、規約と総会決議とを同等のものとして扱っています。

これらのことからは、次のように考えることができると思います。

すなわち、管理組合としてある特定のルールを定める場合に、それを規約という法規範形式で行う場合には、①これを変更するためには特別決議を要するなどの厳格な手続を履行する必要があるため、ルールとしての安定性が高まるというメリットがありますが、②一方で、これと裏表の問題として、管理組合の抱える問題に応じた機動的な改正が困難であるというデメリットがあります。

これに対し、規約ではなく総会決議で定める場合には、ちょうど規約に関するそれと表裏となるメリット、デメリットがあります。

173

第4章 居住や利用についてのトラブル

　また、これらの調和の観点から、ルールの根幹をなす重要部分を規約とし、その余の細目的な部分を普通決議で変更可能な使用細則等に委ねるという場合もあり得ます。

　このように、管理組合として、ある特定のルールを定める場合に、それをどのような法規範の形式で行うかについては、客観的な優劣はないというほかありませんので、それは結局、管理組合の団体自治に委ねられた事柄なのだ、と解することができるでしょう。

　このような私見と同様のものとして、東京高裁平成15年12月４日判決があり、また、同旨の見解を述べる学説もありますが、他方で、反対説（規約優先説）もありますので留意してください。実務上は、まずは規約によるルールの規定をめざすべきであると考えます。

3 「特別の影響」による歯止めはある

　仮に、私見と同じ見解によるとしても、総会決議で何でも決められるわけでは、もちろんありません。区分所有法は、規約の変更に関して、多数決では敗れてしまう少数者の権利を保護するために、「規約の設定、変更又は廃止が一部の区分所有者の権利に特別の影響を及ぼすべきときは、その承諾を得なければならない」と規定しています（法31Ⅰ後段）。他方、総会決議に関しては、このような明文規定はありませんが、この場合にも区分所有法31条１項後段が類推適用され、少数者の保護が図られうるという点は、最高裁判所の確立した判例です（最判平成10年10月30日など）。

　本設問のケースでは、「専有部分を専ら住宅として使用する」旨の規約がこれまで存在しなかったというのですから、仮に当該決議が承認されたとしても、前記「特別の影響を及ぼすべきとき」に該当するものとして、質問者との関係で効力を有しない可能性があると考えます。

174

第5章

管理組合の運営
についてのトラブル
その1──総論

Condominium Management Association

第5章 管理組合の運営についてのトラブル その1──総論

Q48 自殺等の事故について、管理組合はどの程度まで 開示義務を負うのか

　昨年、ある専有部分内（居室内）で首つり自殺が起きたのですが、こ
のたび、その専有部分が売りに出されました。そのため、売主側の仲介
業者から、当マンションの管理会社を通じて、管理費等の滞納状況その
他の情報の提供を求められています。話を聞いてみると、どうやら、売
主である組合員の方が、自殺の事実を仲介業者に伝えていないようです。
自殺のことは、マンションの住民ならほぼ全員が知っているのですが、
このような場合に、管理組合として、仲介業者に対して情報提供をして
よいものでしょうか。

▶▶▶ Point
① 売主やその仲介業者は、購入希望者に対して説明義務を負っています
② 仲介業者は、専有部分に関することは売主（組合員）から、共用部分や
　敷地に関することは管理組合から、それぞれ情報を入手することになりま
　す
③ 管理組合の立場は悩ましいですが、基本的には、共用部分や敷地に関す
　ること以外については、情報を提供する義務はないと考えられます

1 不動産の売主の説明義務

　不動産の売買において、売主と買主（購入希望者）との間には、対象物件に
関する情報量に大きな差があります。そのため、売主は、買主に対し、買主
の購入意思に影響を与える一定の事項について説明する義務を負っています。
　説明義務の対象は、物件によってさまざまですが、物件内部における自殺
や殺人事件が発生したという事実は、いわゆる事故情報として、一定期間、

176

説明義務の対象に含まれると考えられています。

2 一般的な説明義務の履行の流れ

マンションは、大きく専有部分と共用部分・敷地に分かれていますので、それぞれについて、説明義務はおおむね次のように履行されることが想定されています。

(1) 専有部分内における事故等

専有部分内は、区分所有者が管理すべき場所ですので、区分所有者が自ら契約した仲介業者に対し、事故情報を提供します。これにより、仲介業者が買主（購入希望者）に対して、事故情報を説明することが可能となります。

(2) 共用部分・敷地における事故等

共用部分や敷地は、管理組合が管理すべき場所ですので、管理組合（実際にはその委託を受けた管理会社が多いでしょう）が売主側仲介業者に対して、事故情報を提供することになります。平成28年に改正された標準管理規約のコメントにおいても、管理組合が仲介業者に対して提供する情報として、「共用部分における重大事故・事件」が指摘されています（コメント64、別添4「12 備考」）。

3 悩ましい管理組合の立場

以上の次第ですので、たとえば、バルコニーからの飛び降り自殺の場合には、飛び降りたバルコニーも、墜落した先の地面も、いずれも共用部分・敷地にあたりますので、管理組合は、売主側仲介業者の求めに応じて、当該事故情報を開示すべきことになります。また、飛び降りた場所が厳密には専有部分と評価できる場合についても、同様に考えるべきでしょう。かかる開示は、管理組合の買主（購入希望者）に対する義務にあたると考えられますので、たとえ開示によって物件の価格が下がったとしても、義務を履行したにすぎない管理組合は、これにより、売主に対して何か賠償をしなければならない

第5章　管理組合の運営についてのトラブル　その1——総論

ということにはなりません。

　他方、本設問の事案は専有部分内における事故ですので、上記の考え方に照らせば、管理組合としては、これを買主（購入希望者）に対して開示する義務を負っていないと考えられます。もちろん、不開示により、後に組合員となった買主から、管理組合の対応を責められる可能性はありますし、買主がかわいそうであることは間違いないのですが、さりとて、義務もないのに開示をしてしまうと、今度は売主（現在の組合員）との関係で、開示行為が違法であると評価されてしまうリスクを負うことになります。

　悩ましいところではありますが、実際上は、このリスクがあるため、本設問の事案においては、管理組合としては、自殺の情報を開示することは避けることが穏当であると考えます。

コラム⑤　係争状態にあることを管理組合が開示すべきか

　売主側の組合員や占有者が、他の組合員や占有者と係争状態にあるという事実は、原則として管理組合が関与できる事柄ではありませんので（Q45参照）、管理組合としてこれを仲介業者に開示すべきではありません。

　では、売主側が管理組合と係争状態にあるという事実についてはどう考えるべきでしょうか。ケース・バイ・ケースで考えるしかありませんが、かかる事実は売主側において開示することが可能かつ容易ですので、大きな方向性としては開示に慎重であるべきでしょう。もっとも、バルコニーの無断改造などの共用部分に関する係争については、共用部分を管理すべき管理組合として開示すべきであり、開示したとしても何ら違法ではないと考えます。また、共用部分に関する係争ではなくとも、それがすでに訴訟等の法的手続に至っているような場合には、買主側が被りうる有形無形の不利益を考慮すれば、管理組合として開示したとしても違法ではないと考えます。

Q 49 管理組合が保管する書類に対する閲覧や謄写請求にどのように対応すべきか

Q49 管理組合が保管する書類に対する閲覧や謄写請求にどのように対応すべきか

組合員のＡさんが役員による不正を主張して、理事会に対し、帳簿や領収書等の閲覧と謄写（コピー）を請求してきましたが、規約には標準管理規約と同じく「閲覧」を認める規定しかありません。この場合でも「謄写」まで認める必要がありますか。また、今後、Ａさんからの請求が繰り返されるようであれば、「閲覧」自体も拒否したいとの声もありますが、それは可能ですか。

▶▶▶ Point

① 「閲覧」のみを認める規約の場合でも、「謄写」が可能と判断される可能性があります

② 抜本的な解決のためには規約の全面的な改正が必要だと考えます

1 「閲覧」を認める規約で「謄写」も認められるか

管理組合が保管する書類に関する区分所有法の規定は少なく、「……規約を保管する者は、利害関係人の請求があつたときは、正当な理由がある場合を除いて、規約の閲覧……を拒んではならない」と定める33条２項と、これを議事録について準用する42条５項がおかれているにとどまります。しかし、標準管理規約においては、これらに加えて、会計帳簿、什器備品台帳、組合員名簿およびその他の帳票類なども閲覧の対象としています（なお、ここでいう「その他帳票類」として、領収書、請求書、管理委託契約書、修繕工事請負契約書、駐車場使用契約書および保険証券などがあげられています（コメント64②））。これらの書類の閲覧を認めることにより、組合員らが自己の権利を守ったり、管理組合運営の適正化に資することが期待されているのです（なお、組合員

179

第5章 管理組合の運営についてのトラブル　その1──総論

名簿についてはQ51を参照してください。また、公益財団法人マンション管理センターが作成した「マンション管理組合で作成する名簿の取扱いに関する細則について」も参考になります）。

　もっとも、これら区分所有法や標準管理規約の規定の文言は、形式的には、いずれも、組合員らによる「閲覧」を認めるものであって、「謄写」を認めてはいません。そこで、このような規約の文言を前提としてもなお謄写が認められるか否かが問題となっています。この点、裁判所の判断は分かれており、謄写請求を肯定したものとして、東京高裁平成14年8月28日判決などがあり、謄写請求を否定したものとして、東京高裁平成12年11月30日判決などがあります。このような状況において、東京高裁平成23年9月15日判決は、「謄写請求が認められるか否かは、規約が謄写請求を認めているか否かによる」という形式論に立ち、規約に規定がない限り、謄写請求は認められないとの判決を示しました。その後の実務においては、この判決が直近かつ最上級審の判断であったこともあり、請求者側の権利としては閲覧権にとどまることを前提としつつ、理事長の裁量により、いわば恩恵的に謄写を許容するという取扱いが広く行われてきたように思います。ところが、今度は大阪高裁平成28年12月9日判決が、規約に謄写請求を認める規定がないにもかかわらず、謄写請求を認める判決を示しました。これにより、高等裁判所レベルにおいても、またしても判断が分かれる状態となりました。

　以上のとおり、裁判所の判断も分かれているのが現状ですので、理事会として、「規約に謄写を認める文言がない以上、謄写は認めない」というスタンスで対応することには、大きなリスクを伴います。よって、基本的には、謄写も可能であることを前提としつつ、後述のルールの詳細化を図っていくことが適切であると考えます。

2 問題の抜本的解決に向けた2つのアプローチ

　管理組合保管書類の閲覧・謄写をめぐるトラブルを防止するためには、請

求者と被請求者 (理事会) の双方の思いをうまく調和させる必要があります。請求者の立場からすれば、管理組合運営を監督是正するために、広範囲の書類を閲覧かつ謄写したいと思うでしょう。他方、理事会の立場からすれば、客観的にみてクレーマーとしか思えない請求は排斥したいところですし、また、他の組合員から、「あの人には私に関する連絡先等の情報は絶対に開示しないでほしい」と求められるようなケースも実務上珍しくないことから、このようなケースでは閲覧自体に制限をかけたいと思うでしょう。

しかし、標準管理規約の規定は非常にシンプルであるため、これらの両者の思いを調和するという観点からみると、使い勝手がよいとはいえません。この点、この問題を抜本的に解決するためのアプローチの仕方 (規約等のルールの定め方) には、大きく 2 通りがあると考えられます。1 つ目は、原則的に閲覧および謄写請求を許容しつつ、請求が権利の濫用にあたると認められるような場合には、例外的に請求を認めないというアプローチです。2 つ目は、請求の対象となる管理組合保管書類について、センシティブ情報 (コラム⑩参照) が含まれている度合いなどに着目してその重要性を分類 (ランクづけ) し、その分類ごとに、閲覧と謄写、請求者の人数の要件などを組み合わせて合理的な結論を導くというアプローチです。私見では、この 2 つ目のアプローチを基本としつつ、1 つ目のアプローチも加味することが最善であると考えます。

3 あるべきルールの検討

(1) 書類の重要性ごとの要件設定

具体的には、まず、管理組合保管書類を分類し、その重要性ごとに要件を設定します。たとえば、次のような分類と要件設定が考えられますので、管理組合ごとの実情にあわせて、これらのうちのいくつかを採用することを検討します。なお、後記②の「ある程度」の具体的数字については、組合員による総会招集権 (法34Ⅲ本文、標準44) の要件が「5 分の 1」であることに鑑み、

これよりも軽い要件設定（10分の１や20分の１など）が適切であることが多いと考えられます。

① 個々の組合員が閲覧のみならず謄写も可能な書類

② ある程度の組合員の一致した請求があってはじめて謄写が可能な書類

③ （守秘義務を負っている）役員以外には閲覧も認めない書類

(2) 書類がどの分類に該当するのかの決定

次に、どの書類が前記の分類のどれに該当するのかを決定します。この場合、文書全体での分類を基本としつつ、たとえば、全体では前記①に該当する文書であっても、その中の記載事項に前記③に値する内容が含まれる場合は、当該記載事項のみを前記③の扱いとすることも必要です。これを前提として、分類の方法としては、たとえば次のような考え方がありうるでしょう。

ⓐ 前記①に該当する書類の例　総会議事録、理事会議事録、貸借対照表、損益計算書、請求書、領収書、契約書のうち対外的なもの（工事請負契約書など）、保険証券、預貯金の残高証明書、什器備品台帳。

ⓑ 前記②に該当する書類の例　預貯金の通帳、総勘定元帳、現金出納帳、組合員名簿のうちの住所と氏名の部分のみ。

ⓒ 前記③に該当する書類の例　契約書のうち対内的なもの（駐車場使用契約書など）、組合員名簿のうちの前記②に該当しない部分（年齢、家族構成、勤務先、緊急連絡先など）、不動産全部事項証明書（登記簿謄本）、専有部分のリフォーム工事の申請書、賃借人届、居住者名簿、災害時要支援者名簿。

(3) 濫用的な請求に対する規定の検討

そのうえで、請求が濫用的であると認められる場合について規定することを検討します。これは非常に難しい作業ですが、たとえば、①請求の頻度、②請求の対象である書類の種類や枚数、③閲覧や謄写の目的などに着目した定めのほか、④これに準ずるものとして理事会が不相当と判断した場合についても請求を拒絶できるという規定をおくことなどが考えられるでしょう。

この④を設ける場合には、今度は理事会による権利の濫用を防ぐため、たとえば、出席理事ではなく総理事の過半数または全理事の賛成をその要件としたり、請求を拒絶した後最初に開催される総会において拒絶した事実を報告する義務を理事長に課すことなどが考えられます。

⑷ 具体的なルールづくりが重要

このように、あるべきルールの制定は容易ではありませんが、権利意識の高まりなどを背景に、今後もこのようなトラブルは増加することが予想されますので、標準管理規約よりは具体性の高いルールの制定が求められているといえましょう。

第5章 管理組合の運営についてのトラブル その1——総論

Q50 コンセプトマンションにおけるコンセプト施設（介護設備や温泉等）を、多数決によって廃止することは可能か

　私が区分所有して居住しているマンションは、介護施設とケア付きをうたった高齢者向けのマンションなのですが、このたび、投資目的で購入した区分所有者を中心として、高額な維持費がかかる施設の廃止の声が上がっており、困っています。どうにかして阻止することができないでしょうか。

　他方、私が昔購入したリゾート地のマンションには、大きな天然温泉施設があるのですが、この維持管理にお金がかかってしょうがないので、廃止することを管理組合で検討したところ、居住しているごく一部の方から強く反対されて困っています。どうにかして廃止することができないでしょうか。

▶▶▶ Point
① コンセプト施設の廃止は特別決議によって可能と考えますが、異論もあります
② 規約改正を伴う場合には「特別の影響」の有無を検討する必要があります

1 問題の背景事情

　近年、社会的需要を反映して、共用部分に、区分所有者が利用できる介護施設を併設したマンション（ケア付きマンション）が増えています。また、リゾート地のマンションでは、かねてより、温泉施設を併設したマンションが存在しています。これらの分譲時から存在する特殊な施設（以下、「コンセプ

184

ト施設」といいます）については、分譲からある程度時間が経つと、組合員の属性（平均年齢や家族構成等）の変化や、マンションを取り巻く社会、経済情勢の変化などに伴い、これを廃止しようとする動きが生じることが珍しくありません。

2 廃止のための要件

　これらのコンセプト施設は、通常、マンションの共用部分です。この点、共用部分を専有部分とすること（例：共用部分たる廊下の一部を専有部分たる居室とすること）は、共用関係そのものの廃止にあたることから、多数決ではなく、区分所有者全員の合意が必要と解されていますが、コンセプト施設の廃止それ自体は、このような共用関係そのものの廃止にはあたりません。そのため、コンセプト施設の廃止は、共用部分の変更（法17Ⅰ）にあたり、特別決議によって決定することができるという見解があります（以下、「多数決説」といいます）。

　これに対し、コンセプト施設の中には、それがそもそものマンションの分譲の目的、特徴となっており、区分所有者は皆これを承諾して購入しているものが存在するところ、このような場合には、当該コンセプト施設はマンションの本質的要素を構成しているとして、これを廃止するためには、区分所有者全員の同意が必要である（多数決では不可能）という見解もあります（以下、「全員合意説」といいます）。

　私見では、①全員合意説は、前述の共用関係そのものの廃止と、共用部分の変更という概念のほかに、新たな概念を加えるものですが、その根拠が明確ではないこと、②全員合意説では、組合員の属性の変化やマンションを取り巻く社会、経済情勢の変化に対応することが事実上不可能となり、結果としてマンションのスラム化（管理の放棄）を招きかねないこと、③建替えや被災時の敷地売却ですら多数決で可能とする現行法との均衡を逸していると考えられること、④全員合意説が保護しようとしている少数者の権利、利益は、

第5章 管理組合の運営についてのトラブル その1──総論

一定程度、後述の「特別の影響」の要件の中で対処することが可能であることなどから、多数決説をとりたいと思います。

3 「特別の影響」による歯止め

それでは、以上のとおり多数決説をとった場合、従前のとおりにコンセプト施設の利用の継続を希望する区分所有者（少数者）の意見は切り捨てられてしまうのでしょうか。

まず、共用部分の変更に際しては、これが「専有部分の使用に特別の影響を及ぼすべきとき」には、その専有部分の所有者の承諾が必要です（法17Ⅱ）。しかし、通常、コンセプト施設の廃止によって、専有部分の使用に特別の影響が生じることは考えにくいため、この規定によって少数者の保護が図られることは難しいでしょう。

他方、コンセプト施設を有するマンションの規約には、コンセプト施設に関する条項がおかれていることがほとんどであるところ、かかる規約の変更の際にも、「規約の……変更が一部の区分所有者の権利に特別の影響を及ぼすべきとき」には、やはり、当該一部の区分所有者の承諾が必要となります（法31Ⅰ後段）。この点、ここでいう特別の影響の有無は、規約の変更の必要性および合理性と、これによって一部の区分所有者が受ける不利益とを比較衡量し、当該区分所有関係の実態に照らして、その不利益が区分所有者の受忍すべき限度を超えると認められるか否かという基準によって判断されます（最判平成10年10月30日）。

よって、コンセプト施設を廃止したいという側としては、規約の変更の必要性および合理性に関する事実として、当該コンセプト施設の利用者が減少している事実や、その維持管理に要する費用が高額である事実などを主張、立証していくことになるでしょう。他方、コンセプト施設を維持したい側としては、当該コンセプト施設が自らにとって重要であることを根拠づける事実（持病や体調など）を主張、立証していくことになるでしょう。そのうえで、

186

コンセプト施設の廃止が区分所有者の受忍限度を超えるものと判断された場合には、当該区分所有者の承諾がない限り、規約を変更することができず、コンセプト施設を廃止することができないことになります。

4 慎重な対応が不可欠

コンセプト施設の廃止に関する法律関係は、私見も含めて以上のとおりですが、前述の全員合意説が説くように、コンセプト施設がマンションの本質的要素であると評価できる場合もあるでしょうから、これを廃止するにあたっては、組合員に対するアンケートの実施は当然として、合意形成のために時間をかけて慎重に対応することが不可欠であると考えます。

第5章 管理組合の運営についてのトラブル その1──総論

Q51 管理組合が作成すべき名簿にはどのようなものがあるか。作成・管理のうえでの注意点は何か

マンションで居住者名簿を作成することは必要となるでしょうか。また、区分所有者の中から管理組合総会の委任状を集めるために連絡をとる必要があるとしてその閲覧を求められた場合、応じるべきなのでしょうか。

▶▶▶ Point

① 区分所有者名簿は法や規約に基づき作成・閲覧させる義務があります

② 居住者名簿の作成は必要ですが、使用目的等を明示する必要があります

③ 委任状集めのための開示は、住所・氏名等の範囲なら認めるべきです

1 区分所有者名簿

マンションで区分所有者の名簿を作成することがあります。管理組合法人については、財産目録とともに区分所有者名簿を作成し、それを備え置き、区分所有者の変更があるごとに必要な変更を加えなければならないことが区分所有法で規定されています（法48の2Ⅱ）。区分所有者名簿に記載すべき事項についての規定は法文上はありませんが、住所・氏名等区分所有者を特定するに足りる事項を記載すべきで、かつその事項のみで足ります。

管理組合が法人でない場合も、規約で同様の規定が設けられていることがあります（標準64Ⅰ）。その区分所有者名簿の内容については、規約や使用細則に定めがあればそれに従います。しかし、あくまで「区分所有者」の名簿ですから、その特定に足りる事項に限定すべきでしょう。

これら区分所有者名簿の開示については、規約において「組合員又は利害関係人の理由を付した書面による請求があったときは、これらを閲覧させな

188

けなければならない」などと定められている例が多いと思います（標準64Ⅰ）。この場合の利害関係人とは法的な利害関係がある者に限定されますし（コメント64・49）、理由も正当な権利行使に関連する事項に限られるべきです。

また、規約に閲覧等の規定がない場合については、理事長の裁量により決定することができることとなりますが、裁量の範囲は上記と同様に解するべきでしょう。いずれにしてもプライバシー保護の観点が重要です（コメント64）。

管理会社が管理組合の委託に基づき居住者名簿を作成している場合（標準管理委託契約書別表第1・2(1)①参照）についても、開示請求があった場合は理事長の指示に基づき管理会社は同様の扱いをとるものと考えますが、この点は管理委託契約の内容によって取扱いが異なるといえるでしょう。

2 居住者名簿

次に、区分所有者も含めて、その他賃借人、家族等同居人等も含めた居住者名簿を作成しているマンションもあります。高齢者世帯も増加する中で災害等緊急の場合に誰がどこに住んでいるか、管理組合としても把握する必要があることはいうまでもありません。

居住者名簿については特に規定はありませんが、作成する場合は規約等で根拠を明確にすることが必要です。また、区分所有者名簿とは異なり、居住者名簿には一定のプライバシーに関する事項が含まれています。家族・同居人等の氏名、勤務先、連絡先等の電話番号などを記載してもらうことは緊急の場合の連絡においては有用ではありますが、きちんと管理がなされていない場合は個人情報保護のうえで問題となり、結果として名簿の作成提出について住民からも協力が得られません。

マンション管理組合は、個人情報保護法に基づく「個人情報取扱事業者」に該当します。「個人情報取扱事業者」かどうかは営利団体か非営利団体かは関係がありません。また、平成27年の法改正以前は識別される個人の数が

5000を超えない場合は個人情報保護法の対象外でしたが、この5000件要件は撤廃されました。これからは、管理組合が居住者名簿を管理する以上は取得目的の明示、安全管理措置、開示請求への対応等が要求されます。

　名簿作成の際に、何の目的でこの情報を入手するかを明確にすることを各事項ごとに検討して定めることが必要です。管理組合の事務のために使用することを明示しておかないと、結果として区分所有者間あるいは区分所有者・占有者に対する正当な権利行使をも妨げることとなりますのでご注意ください。たとえば、「共同の利益に反する行為」や規約違反行為が行われた場合、名簿記載の情報を管理組合が利用する必要がある場合もありうるからです。

　なお、災害対策基本法49条の10に基づき市町村は避難行動要支援者名簿を作成しますが、管理組合がこれを独自に作成する場合もあります。この名簿もプライバシーに関する情報が多く含まれますので、細則として規定をするなど取扱いを明確にしておくことが必要です。

3 区分所有者からの開示請求

　区分所有者から管理組合総会における委任状を集める必要があるとして、名簿の開示を求められた場合においても、プライバシーに関する必要な配慮が要求されます。区分所有者名簿と居住者名簿を別々に作成して管理していることは事務的にも煩瑣で、実際には同一の名簿として運用することもあると思いますが、区分所有者の権利行使のために区分所有者を特定する事項を開示することは必要だとしても、特定に必要でない事項までを開示することはプライバシー侵害となり、開示した場合に不法行為責任を問われることもありうることです。

　さまざまな考え方があるでしょうが、住所、氏名の開示で足りると思います。電話番号、メールアドレスなどはプライバシー性が高く開示すべきではありません。区分所有者名簿と居住者名簿を同一の名簿として運用する場合においても、閲覧させる場合は、住所、氏名以外の部分は遮蔽措置（黒塗り等）

Q51 管理組合が作成すべき名簿にはどのようなものがあるか。作成・管理のうえでの注意点は何か

を講じたものを開示すべきでしょう。

　中には区分所有者間に対立があるケースなど、ある特定の区分所有者が、別の特定の区分所有者に対する自己の情報の閲覧を拒否しているような場合も考えられます。このような場合は、一般的には、規約において区分所有者名簿の閲覧が認められている場合においては、管理組合が当該区分所有者の住所・氏名の情報を開示したとしても、違法とはならないものと考えます。しかし、逆に規約に閲覧についての規定がない場合には、閲覧させると問題が生じます。結局、規約の規定に基づいて運用することとなります。

　なお、閲覧拒否を求める理由がストーカー被害の存在等、正当な事由である場合などは、管理組合としては別段の配慮が必要となるでしょう。

コラム⑥　個人情報保護法に基づくガイドライン

　国の個人情報保護委員会による「個人情報の保護に関する法律についてのガイドライン（通則編）」では、従業者の数が100人以下の個人情報取扱事業者を「中小規模事業者」としており、一般企業と比べて緩やかな管理手法等が示されています。「従業者」の数とは、基本的には理事・従業員などの数と考えてよいと思います。このガイドラインを管理組合にどう適用していけばよいのでしょうか。

　まず、何が個人データとして管理組合の中に存在しているか、点検が必要です。そして、その調査に基づき、個人データの基本的な取得方法やその使用目的をルールとして整備することが必要でしょう。細則等で個人データの保護について規程を設けることも検討していくことになりましょう。

　次に、個人データを取り扱う責任者を定めること、漏洩等の発生に備え責任者に対する報告連絡体制等をあらかじめ確認すること、責任者が個人データの取扱状況について定期的に点検を行うことが必要です。担当理事を設けることも一案です。個人情報取扱いについて研修を定期的に行うことも定められていますが、管理組合団体、管理会社などが行う研修・セミナーも活用してください。

　さらに、個人データを収納した書類やメモリーカードなどは、担当者以外

は容易に閲覧できないようにする、鍵のかかる書庫にしまう、パソコン・ハードディスクなどは持ち去られないように固定する、またやむを得ずデータを持ち歩く場合などはパスワードをかけたり、少なくとも封筒に封入し鞄に入れて運ぶなど、「安全管理措置」を講じることなどが必要とされています。

　これらを行わず、管理組合が漫然と個人データを管理していた場合、漏洩等の問題の責任を管理組合が問われる可能性がありますので、今後一段と注意が必要でしょう。

Q 52 共用部分の変更について、規約が平成 14 年法改正前と同一内容のままである場合、大規模修繕の実施要件について特別決議を要すると解釈すべきか

Q52 共用部分の変更について、規約が平成14年法改正前と同一内容のままである場合、大規模修繕の実施要件について特別決議を要すると解釈すべきか

平成14年の法改正で大規模修繕は普通決議でできるようになったそうですが、当マンションでは平成14年の区分所有法改正前の標準管理規約と同じ規約を今もそのまま使っています。この場合大規模修繕を行うとの決議は特別決議ですか。それとも普通決議ですか。

▶▶▶ Point

① 平成14年改正により共用部分の「変更」について改正がされました

② 法改正前の標準管理規約と同じ規約を使っている場合も「その形状又は効用の著しい変更を伴わない」大規模修繕は普通決議で決定できると考えられます

1 問題の所在

区分所有法は平成14年に改正され、その中で共用部分の変更についての規定が変わりました。

現行法では、法17条1項に規定する「共用部分の変更」は区分所有者および議決権の各4分の3以上の特別決議が必要ですが、この「変更」のうち「その形状又は効用の著しい変更を伴わないもの」が法17条の適用から除外され、普通決議（総会における区分所有者および議決権の各過半数による普通決議（法39Ⅰ）。なお、標準管理規約では、この要件は議決権の半数以上を有する組合員が出席する総会における出席組合員の過半数の決議とされています（標準47ⅠⅡ））で決めることができます。

改正前（旧法）は、共用部分の変更について特別決議が必要とされている

193

点は現行法と同じですが、このうち「改良を目的とし、かつ著しく多額の費用を要しないもの」については普通決議で足りると定められていました（旧法17Ⅰ）。特別決議を要する変更を「重大変更」、普通決議で足りる変更を「軽微変更」と呼んでいました。

この改正は大規模修繕の必要性と関連するものでした。重大変更に特別決議を必要とする旧法では、旧法17条1項の解釈をめぐって、何が「変更」にあたるのか、また「改良を目的とする」の意義、「著しく多額の費用」の金額について明確でなく、日常の管理組合業務においてはさまざま疑義が発生していました。実際問題、大規模修繕の実施を決める際、4分の1以上の議決権を有する区分所有者とその他の者との間で利害対立が発生し、なかなか決議ができないまま大規模修繕工事がスタートできないケースがあったり、戸数が多いマンション、老朽化・賃貸化により不在区分所有者が増えているマンションでは委任状を含めてもそもそも4分の3の総会出席が確保できないケースもありました。

平成14年の法改正によって以上の点は整理され、「その形状又は効用の著しい変更を伴わないもの」はすべて普通決議において決めることができるように改正されたことによって、計画的に行われる通常の大規模修繕工事のほとんどは普通決議することが可能となりました。

ところが、平成14年より前に規約を作ったマンションでは、この旧法のままの規定になっているところもあります。当時の標準管理規約が旧法にあわせた規定となっていたためです。このようなマンションでは、大規模修繕を行う際には旧法が適用されるのでしょうか。それとも新法の適用になるのでしょうか。

2 新法が適用されると考えるべき

1つの考え方は、あくまで旧法時代の規約が適用されるという考え方です。新法の制定によって各マンションの規約が改められたわけではなく、また新

Q 52 共用部分の変更について、規約が平成 14 年法改正前と同一内容のままである場合、大規模修繕の実施要件について特別決議を要すると解釈すべきか

法でも管理規約において管理行為 (法18) については「別段の定め」をおくことは認められていますから、現行規約はこの「別段の定め」に該当することとなるという考え方です。この考え方によると、規約を新法にあわせて改正しない限りは、大規模修繕のうち「その目的が改良でない」あるいは「著しく多額の費用がかかるもの」に該当する場合は特別決議が必要と解釈される可能性があります。

しかし、以上の考え方は、大規模修繕について争いとなっていた旧法のあいまいな規定を整理して、そもそも著しく形状や効用が変更されないものは「変更」には含まれないと決めた平成14年改正法の趣旨を失わせる可能性があります。法律の「変更」の規定自体が変わったのですから、この法律の施行によって規約に定める「変更」の定義も改まったものと解釈されます。大規模修繕の多くの場合は「著しい形状や効用の変更」はありませんので、そもそも「変更」にあたらないわけです。

また、標準管理規約の「変更」に関する規定は区分所有法を基に作られたもので (区分所有法の確認規定)、改正前に規約が作られた時には「重大変更」について規約で自由に定めることはできなかったのですから、規約が旧17条１項に従わなければならないこととなるのは当然でした。しかし、その「重大変更」という考え方自体が法律からなくなったのですから、標準管理規約を基に制定されている規約の効力がそのまま残っていると解釈するのは、区分所有者の意思に反するものです。

したがって、現在では、仮に規約上「改良を目的とし、かつ著しく多額の費用を要しないもの」との規定が残っていても、大規模修繕工事は変更行為にあたらないとするものとして解釈していくことが必要で、かつ妥当だと考えます。規約をそのように解釈した裁判例としては東京地裁平成20年７月４日判決などがあります。

実務的には争いを避けるためには、規約改正が可能な場合は大規模修繕に先立ち新法どおりに規約を改めておくべきでしょう。ただし、規約改正も特

195

第5章 管理組合の運営についてのトラブル その1——総論

別決議が必要ですから、諸事情で改正ができないまま今日までできているようなマンションにおいて本件は問題となりうることです。

なお、もちろん大規模修繕の際に「形状」「効用」の著しい変更がある場合は「変更行為」として特別決議が必要となることはいうまでもありません。エレベーターを新設する、集会室を賃貸店舗にする、増築するなどはそれに該当します。これに対して通常の計画修繕に伴う工事（外壁塗装工事、屋上防水工事、配管の更新工事、エレベーター更新工事）はもとより、バージョンアップを目的として各種設備を更新したり、高齢者のためにスロープを設置したり、IT化を進めるために各種ケーブルを設置するなどの工事は「変更行為」とならないものがほとんどでしょう。

また、耐震改修工事一般は「変更行為」とはなりませんが、たとえば耐震ブレスを入れる工事で基本的構造への加工が大きいもの、あるいは柱の全部を切断しそこに免震部材を挿入するなど建物の基本的構造部分を取り除く工法をとる工事などは「変更行為」となるでしょう。なお、建築物の耐震改修の促進に関する法律25条3項の規定により、耐震改修に係る必要性の認定を受けた場合、変更決議に該当する場合でも普通決議で行うことができるという特則があります。

196

Q53 総会や理事会を録音・録画することは許されるか

Q53 総会や理事会を録音・録画することは許されるか

当マンションでは、残念なことに、理事会と一部の組合員が対立しており、総会のたびに、理事会は信用できないとして、総会の様子をカメラで録画をしている人がいます。他の組合員からは、映像がどこへ流れるかもわからず気持が悪いから、撮影は禁止すべきだとの声も上がっていますが、総会での撮影を禁止することは許されるのでしょうか。

▶▶▶ Point

① 法令の規定がなく、裁判例も見当たらない争点ですが、近時、相談が増えています

② ⓐ主体、ⓑ録音と録画の別、ⓒ総会と理事会をそれぞれ分けて考えることがポイントです

1 場合を分けて考えるべき

近年のスマートフォン等の機器の普及に伴い、総会や理事会の録音・録画をめぐる相談が増えています。この点について明確に規定した法令はなく、また、この点が争われた裁判例は今のところ見当たりませんが、現時点で、私見では、大略次のように場合を分けて考えています。

2 執行部による録音・録画の可否

(1) 総　会

(a) 録　音

正確な議事録を作成するという観点から、許されると考えます。

(b) 録 画

正確な議事録を作成するためには録音で足りますし、録画となると、出席者の人格権に対する侵害の度合いが増すほか、撮影されていることによる出席者の萎縮といったマイナス面も無視できません。そのため、どうしても録画を実施するというのであれば、事前に、その方法や組合員による閲覧謄写請求の可否などについて、規約や細則などでルールを明文化しておくべきと考えます。

(2) 理事会

(a) 録 音

総会と同様、許されると考えます。もっとも、後述のとおり、理事会はセンシティブ情報（コラム⑩参照）を取り扱うことがありますので、録音データの取扱いには慎重を期すべきであり、録音を聞くことができる者の範囲についても、あらかじめ規約や細則等でルールを明文化しておくべきでしょう。

(b) 録 画

理事会は、総会に比して出席者が非常に少ないことが通例ですので、総会以上に、録画の合理性が乏しいと考えられます。よって、原則として、理事会の録画は不適切と考えます。

③ 組合員による録音・録画の可否

(1) 総 会

(a) 録 音

録音データの不適切な使用に対する懸念もありますが、他方で、執行部にのみ録音を許したのでは、組合員（総会）による執行部の適切な監視に困難が生じるおそれもあります。よって、組合員による総会の録音は原則として可能であり、これを禁止するためには、規約に明文の規定が存在するなどの相応の理由が必要であると考えます。

なお、組合員が録音したデータを不適切に使用した場合には、相応の法的

責任を追及されうることは、いうまでもありません。

　(b)　録　画

　執行部を適切に監視するためには、通常は録音で足りますし、前記のとおり、一般的に適切なデータの管理が期待できる執行部による録画であっても消極的に考えるべきですので、組合員による録画については、議長の裁量により、禁止することができると考えます。もちろん、規約や細則等により、録画の禁止を明文化しておくことが望ましいことはいうまでもありません。

(2)　理事会

　(a)　録　音

　理事会では、総会とは異なり、組合員の経済状態や家庭環境についても、一定の限度で情報を共有し、討議をすることが予定されています。このようなセンシティブ情報を取り扱う以上、傍聴人等の組合員による録音は、議長（理事長）の裁量により、禁止することができると考えます。

　(b)　録　画

　録音が禁止できる以上、録画についても禁止できると考えます。

第5章 管理組合の運営についてのトラブル その1——総論

Q54 総会が理事会に委任することが可能な範囲はどこまでか

　総会で大規模修繕について議論をしましたが、修繕をすることは全員賛成なのですが、業者の選定や発注金額について最終的に意見がまとまらず、理事会一任という決議がなされました。この決議は有効なのでしょうか。

▶▶▶ Point

① 総会と理事会の権限分掌は規約によりますが不明な場合は総会事項です

② 詳細事項についての一任決議は必ずしも無効とはいえませんが、基本事項については一任できません

③ 役員選任、管理費決定など性格上内容が明確なものであるべき決議、特別決議事項においては一任決議は認められません

1 総会と理事会の任務分担

　区分所有法は、マンション管理について総会決議により進めることを基本としています。ただし、規約の別段の定め（法18等）によってその権限については理事会や理事長に委ねることを定めている例が多くあります。

　標準管理規約では、理事長の権限として、規約・使用細則等または総会もしくは理事会決議により理事長の職務として定められた事項、並びに職員の採用・解雇があげられています（標準38Ⅰ）。理事会の権限としては、規約もしくは使用細則等または総会の決議により理事会の権限として定められた管理組合の業務執行の決定などがあげられ（標準51Ⅱ）、議決事項も列挙されています（標準54）。また各規定を見ても、たとえば、専有部分の修繕についての承認（標準17）、管理費未納者への法的手続の提起（標準60Ⅳ）、帳票等の保管・

200

閲覧に対する対応（標準64）、規約違反者に対する是正のための勧告等・および差止め、排除または原状回復のための必要な措置の請求に関しての訴訟等の法的手段の提起等（標準67）など、理事長や理事会の権限に属する事項が個別にも定められています。

　他方で総会の決議事項についても、規約で定めがあることが普通です。標準管理規約では、総会の議決を経なければならない事項として、15の項目があげられています（標準48）。予算、決算、事業報告、事業計画、管理費等・使用料の額・賦課徴収方法、長期修繕計画、大規模修繕の実施やそのための資金の借入れ、修繕積立金の取崩し、修繕積立金の保管および運用方法、役員選任・解任、役員活動費の支給、管理委託契約、その他法の定める特別決議事項などがその項目には含まれます。

　この規約による任務分担に従って考えていくということとなりますが、規約上総会の議決事項とされているものは、理事会の議決事項にすることはできないというのが基本です。標準管理規約には「その他管理組合の業務に関する重要事項」の決定は総会の権限であるとされているところであり、規約や総会決議で、理事会や理事長の権限として明確に定められていない場合には、基本的には総会による議決を要するとして考えるべきでしょう。

2　総会決議による理事会への委任が認められる場合

　それでは、総会決議によって理事会（場合によっては理事長）に対する委任は一切認められないということとなるのでしょうか。

　実際問題として、総会で議決を経る必要のある事項であったとしても、総会で詳細まで決めることは困難なこともあります。その場合、基本的な事項は総会で決するとして、その具体的な内容については理事会が委任を受けていると考えないと困ることも起きるでしょう。

　私見では、総会決議が必要とされている趣旨、すなわち区分所有者がマンション管理に参加し、管理組合の意思を決定するのが総会であるという考え

方（総会が管理組合の最高意思決定機関であることは適正化指針などでも明らかにされています）に反しない限りは、基本的事項を総会において定め、詳細な事項は理事会に委任することは、認められることがあると思います。

　問題は、どの程度が詳細な事項でどの程度が基本的事項であるかということとなります。

　予算については、ある程度の細かい費目をあげて総会で議決しておかなければ予算としては全く意味がありません。少なくともどのような事業を行うかまでは、予算上では特定されていなければなりません。この点について一任をすることとなると、基本事項を総会が決定したこととはなりません。逆に予算の各費目の中でどのように使うのかは、ある程度は理事会等の裁量ですし、その費目の範囲内においては、理事会が権限を有します。すべての詳細事項を総会で承認を得ておかなければ何も支出できないということにはならないでしょう。

　事業内容につき、後日変動が予想される場合は、必要な予備費を設け、予備費の執行については理事会への一任を認める等の総会での議決をしておくと有益でしょう。また重要な変更を加えなければならないときは、ためらわずに臨時総会を開き予算の変更決議を行うべきでしょう。

　大規模修繕の例では、総会において大規模修繕工事の特定業者への発注を定めたとしても、その業者との契約の内容の詳細をどうするか、工事の仕様や工事期間等の詳細についてどう定めるかなど、理事会に一任することが必要な場合もあるでしょう。これらは工事期間中にも変動し、場合によっては詳細部分につき設計変更等が発生することもあり得ます。標準管理規約のように「業務執行の決定」は理事会の権限であると規定されていれば、これらは「執行の決定」の権限の範囲であるとも考えられます。もし規約にこのような条文がない場合であっても、理事会に対し執行は一任されていると考えることも可能です。総会において「一任」の決議をとっていなくても「執行の決定」の範囲内であれば、理事会にその執行は一任されていると考えてよ

いものです（一例として東京地判平成24年3月28日は理事会には総会決定された大規模修繕の実施につき裁量があるとしています）。

　しかし、たとえば大規模修繕の工事内容だけを総会で決め、どの業者へ発注するか、あるいは費用支出額も理事会に一任するということを決めることは、許されないと思います。一般的に発注先をどこにするか、あるいは費用をどのように決めるかは区分所有者の関心も高く、かつ具体的な利害にも関係することです。このような点までの一任を認めることは、総会で基本的事項を決するという区分所有法の趣旨に反することとなると思います。

　その他の事業執行に関する議決についても、基本事項か詳細事項かで理事会に一任してよいかどうかを区分することができると思います。

3　委任が認められない場合

　これに対して議決が内容的に明確であり、基本事項・詳細事項というような区別が存在しない議決事項（たとえば役員選任、管理費等の額の決定など）では、理事会に一任するという決議は認められないでしょう。たとえば、理事が定数どおり選任できなかった場合に「残る理事の選任は新理事長に一任する」という決議は特段の規約の定めがない以上は認められません。「管理費は㎡あたり〇円〜〇円の範囲で理事会が決定する額とする」などの議決は認められないものと解します。

　また、規約による別段の定めが認められない特別決議を要する事項（共用部分の変更、管理規約の改正など）については一任決議はできません。たとえば「駐車場を〇号棟前に増設するがその内容は理事会に一任する」などの決議は認められません。

第5章 管理組合の運営についてのトラブル その1——総論

> ### コラム⑦ 理事会決議で対応可能な範囲
>
> 　管理組合は団体ですから、団体として行動するためには、団体としての意思決定を行う必要があるところ、原則的な意思決定機関である総会の招集を頻繁に行うことは負担が大きいことから、迅速に開催できる理事会において、ある程度の意思決定を済ませてしまいたいという現場のニーズがあり、理解できるところです。
>
> 　しかし、標準管理規約が54条やその他の箇所で定めている理事会決議事項は、非常に限定されています。もちろん、形式的には理事会の権限として明記されていない事項であっても、非常に微細なものについては、総会から理事会に対して黙示的に授権されていると解釈することは可能でしょう。しかし、このような解釈には限界があります。
>
> 　よって、理事会による機動的な意思決定を志向する場合には、理事会の権限を拡大する方向での規約改正が必要です。また、これに対する歯止め（議決要件を「総理事」の過半数とする、直後の総会における説明義務を課すなど）も同時に検討するとよいでしょう。

204

Q 55　議事録は、誰が、どの程度記載すべきか。その作成日はいつとすべきか

Q55 議事録は、誰が、どの程度記載すべきか。その作成日はいつとすべきか

　私たちのマンションでは、先日、管理組合の総会があったのですが、その際に、長々と質問や意見を述べた方（Aさん）がおられました。その後、管理会社が総会議事録の案を作り、管理組合としてこれをそのまま議事録として採用し、全戸に配布したところ、Aさんから理事会に対し、「自分の発言が削られている。総会での様子は管理組合が録音しているのだから、一言一句省略せず、正確に記載せよ」との要求がありました。理事会としては、この要求を拒否したいのですが、問題ないでしょうか。

　また、そもそも議事録というものの位置づけについてもよくわからないので、この機会に教えてください。

▶▶▶ Point
① 議事録の記載は議事の内容を合理的に把握できる程度で足ります
② 組合員に議事録の掲載・訂正請求権はありません
③ 作成日は議長の署名押印の日とするのが適切です

1 議事録は誰が作成するのか

　まず、総会の議事録ですが、これは、区分所有法42条１項により、「議長」がこれを作成しなければならないとされています（標準49Ⅰもこれを確認しています）。この点、区分所有法41条は、「管理者又は集会を招集した区分所有者の一人」が議長となると規定していますが、これとは異なる規約の定めがあれば、それが優先されます。そして、標準管理規約42条５項では、理事長が議長を務めると規定しています。よって、これに準拠した規約のある管

205

理組合では、総会の議事録は、議長たる理事長が作成者となります。

次に、理事会の議事録ですが、区分所有法にはそもそも理事会という制度に関する規定がありません。他方、標準管理規約53条４項が準用する49条１項により、理事会の議長、すなわち理事長（標準51Ⅲ）に対して議事録の作成義務を課していますので、その作成者はやはり理事長となります。

なお、上記のとおり、総会の議事録の作成は、理事会の議事録とは異なり、区分所有法という法律上の義務ですので、これを怠った場合、議長は、20万円以下の過料の制裁を受けるリスクがありますので注意が必要です（法71③）。

実務上は、管理会社に管理を委託している管理組合においては、管理会社が各議事録の案を作成し（標準管理委託契約書別表１・2(1)②・同(2)六）、それを理事会にて確認、検討したうえで、議長が署名押印をすることが通例です。

2 議事録署名人

総会の議事録には、議長のほか、総会に出席した区分所有者の２名がこれに署名押印しなければならず（法42Ⅲ、標準49Ⅱ）、理事会の議事録についても、標準管理規約に準拠した規約のある管理組合においては、議長のほか、理事会に出席した理事２名の署名押印が必要とされています（標準53Ⅳ・49Ⅱ）。

なお、総会と理事会のいずれについても、議長以外出席した区分所有者ないし理事が２名に満たない場合には、当該１名が署名押印すれば足ります。

実務上、①議事録にこの２名の署名押印が欠けていたり、②署名押印した者が区分所有者や理事ではなかったケース（区分所有者または理事である夫の代わりに、区分所有者または理事ではない妻が署名押印する場合が典型例です）についての相談を受けることがあります。もちろん、かかる２名の署名押印が必要であることや、署名押印を行う者の資格は、上記のとおり、区分所有法や規約によって規定されているのですから、これを遵守することが重要であることはいうまでもありません。しかし、そもそも議事録署名人という制度

が設けられた趣旨は、議長以外の者も議事録の作成過程に関与させることによって、議事録の内容の正確性を担保しようとした点にあると考えられますので、上記①や②のケースであっても、それだけでは直ちに議事録の証拠価値が毀損されるものではなく、ましてや、当該議事録に記載された各種決議の効力が否定されるものではありません。

3 議事録にはどの程度の記載が必要か

以上を前提に、本設問の本題に入ることにします（なお、プライバシーとの関係についてはＱ8を参照してください）。この点、区分所有法42条2項は、総会の議事録に関し、「議事録には、議事の経過の要領及びその結果を記載し」なければならないと規定しています。よって、まず、議事の「結果」、すなわち、承認・不承認の結果について記載しなければならないことは明らかです。

問題は、もう1つの記載事項である「議事の経過の要領」の程度です。この点については、個別具体的な事案ごとに検討するほかありませんが、少なくとも、求められているのは議事の経過の「要領」ですので、本設問のケースのような、一言一句省略しない形式での記載までは不要であることは明らかです。そのうえで、私見では、総会の決議は区分所有者の特定承継人、つまり、当該総会の時点ではいまだ区分所有者ではなかった者に対してもその効力を生ずること（法46Ⅰ）に鑑み、組合員以外の第三者が読んでも、その議事の経過がある程度理解できる程度の記載内容が必要であり、かつ、それで足りると考えます。

また、以上の点については、理事会の議事録についても基本的に同様です。

4 議事録の作成日

なお、とても細かい点ですが、実務上、意外と迷うことがある点として、「議事録の作成日として、いつの日を記載すべきか」という問題があります。

この点、考え方としては、①議長が署名押印を終えた日と、②議事録署名

207

第5章 管理組合の運営についてのトラブル　その1——総論

人を含む全署名人のうちの最後の者が署名押印を終えた日の2つがありうると考えられます。私見では、議事録の作成者はあくまで議長であり、議事録署名人は議事録の内容の正確性の担保のために必要とされているにとどまることなどに照らし、上記①の議長が署名押印を終えた日が、議事録の作成日としてより適切であると考えます。もっとも、いずれの日を記載したとしても、議事録の証拠価値や決議の効力に影響することはありません。

Q 56 特別利害関係人は総会・理事会で議決権を行使できるか

Q56 特別利害関係人は総会・理事会で議決権を行使できるか

総会や理事会で自分の利害関係がある事項について議決に参加することはできますか。

▶▶▶ Point

① 総会においては特別利害関係人についても議決権はあります

② 理事会においては規約の定めによりますが、今般標準管理規約に理事会での特別利害関係人の取扱いについての条項が取り入れられました

1 特別利害関係人とは

会議での議決において、特別利害関係人とされるのは、その議決について、一般的に利害関係があるというのではなく、管理組合の利益と矛盾するその人特有の直接の利害関係をもっている人を指します。たとえば、Aさんを役員から解任することについてはAさんは特別の利害関係があります。Aさんがペットを飼っていることが規約に違反する場合、その差止請求を行う決議ではAさんは特別の利害関係があります。

これに対して、全員に対して同様の利害が発生する場合は特別利害関係人とはなりません。たとえば、管理費の値上げは全員に利害関係がありますが、この場合、その「全員」は特別利害関係人とはいいません。

2 総会における利害関係人

総会決議において特別の利害関係のある者は議決権を有するでしょうか。他の団体について定めた法律では、ある種の特別の利害関係のある者は総会において議決権を有しない場合があると規定されている例があります（会社

209

第5章　管理組合の運営についてのトラブル　その1——総論

法140Ⅲ・160Ⅳ・175Ⅱ）。しかし、区分所有法にはそのような規定は存在していません。区分所有法は、区分所有者の共有財産の管理に関する法律であり、そもそも自ら有する共有財産につき総会で議決がされる場合、仮に特別の利害関係があったとしても、その区分所有者が自らの利害関係に従って議決に参加することは、それ自体当然のことであると考えられるからです。

　なお、特別の利害関係のあるものが多数を占めることで、その横暴によって違法あるいは不公正な議決が行われたときは、その場合によりますが、議決権行使の権利濫用などの主張によりこれを糾していくこととなります。

　また、特別の利害関係を有する者がたとえば理事長で、その者が総会で議長となることも特に禁止はされていません。しかし、議長である以上は公正な議事進行に努めなければならないことは当然で、反対意見を述べさせなかったり、その他議事進行につき著しい不公正があった場合は、総会決議が無効となることもあります。また、その他の参加者から、議長不信任の動議が出され可決されるようなことにもなりかねず、特別利害関係人側でも慎重な対応が要求されることになります。

3　理事会における利害関係人

　次に、理事会についてはどうでしょうか。この点は規約の定めによります。区分所有法には「理事会」の規定はありませんから、基本的には規約で定めるべき事項です。マンションの場合は、規約に定めがない以上は、一般論として会社法（369Ⅱ）、一般法人法（95Ⅱ）に規定されているような理事会等の議決に特別の利害関係のある者が加わることができない、というような規制はありません。

　しかし、規約でこの点の手当てをしている場合は別です。標準管理規約は「決議について特別の利害関係を有する理事は、議決に加わることができない」（標準53Ⅲ）、「役員は、次に掲げる場合には、理事会において、当該取引における重要な事実を開示し、その承認を受けなければならない。一　役員

210

が自己又は第三者のために管理組合と取引をしようとするとき。二　管理組合が役員以外の者との間において管理組合と当該役員との利益が相反する取引をしようとするとき」（標準37の2）としています。

いずれの規定も標準管理規約の平成28年改正で付け加わった規定です。管理組合の役員が管理組合の利益を犠牲にして自己または第三者の利益を図るようなことは防止しなければならず、この規定は既存のマンションにおいても今後追加していく必要があります。

たとえば、①管理組合理事が取締役を務める会社に工事を発注する、②管理組合理事が所有する店舗を賃貸する際、賃借人に無償で屋上に看板を設置することを認める、などの行為は、この新たな標準管理規約の規定では、事前開示・承認の対象となり、さらに特別利害関係がある者としてその理事が理事会の議決に参加できない、ということとなります。

ただし、③管理組合が借入れする際その連帯保証人に役員がなる場合のように、管理組合の側が一方的に利益を得るような場合は、この規制には該当しないという考え方もあるでしょう。

4　自己契約の禁止

なお、民法108条の規定により自己契約、あるいは双方代理は禁止され、これは管理組合法人や法人格なき社団である管理組合にも類推適用されると考えることはできます。しかし、この規定では「本人があらかじめ許諾した行為」は例外となります。したがって、たとえば管理組合理事長が、自ら経営する建設会社と不当な大規模修繕の契約をした場合であっても、管理組合側があらかじめ承諾してしまえば契約は有効になります。そこで、上記 3 のとおり、管理組合側の意思決定過程を透明化し、かかる事態を防止する必要性は高いものといえるでしょう。

211

第6章

管理組合の運営
についてのトラブル
その2——総会の運営

Condominium Management Association

第6章　管理組合の運営についてのトラブル　その2──総会の運営

Q57 総会の議長はどのような権限をもつか

　　次回総会議題の駐車場増設の当否をめぐり賛否が割れています。総会
当日収拾がつかなくなった場合の対応をどうすべきですか。

▶▶▶ Point
① 　議長は議事進行について大きな権限をもちます
② 　発言時間等の制限、発言者の制限は合理的理由がある場合は可能です
③ 　議長の指示に従わず発言を止めなかったり、ヤジ、暴言を繰り返す者に
　　対し、発言禁止・退場を命ずることができます
④ 　会場とも相談し公正・円滑な議事に心がけましょう

1 議長の権限

　管理組合総会では、多くの区分所有者に発言を求め、賛否両論が分かれる
場合は広く意見を出し合うとともに、かつ有限な時間の中で秩序正しく議論
を行うことが必要であることもいうまでもありません。総会の議長はその点
メリハリのある議事進行を行うことが必要です。

　議長は総会で、まず議案ごとに議題を上程し、その議題について提案者側
からの説明を行い、議場から質問を受けこれに対し提案者側に回答をさせ、
さらに議案について参加者が意見を述べ、場合によっては提案者からまとめ
の発言をさせ、決議に熟したと判断する段階に至った場合は採決します。1
つひとつの議題を十分時間をかけて審議する必要があることは当然です。な
お、複数の関連する議題を同時に審議することは議長の権限でできますが、
念のためを会場の同意を得たほうがよいでしょう。また議案の中にいくつか
対立論点がある場合、論点ごとに議論を進めることも時によっては必要です。

214

2 議長の議事整理

他方で、会議体である総会の進行に責任を有する議長は、その秩序を維持することも当然の責務です。そのためには、同一人や同一の趣旨の意見ばかりが繰り返されることとなって、他の者が意見を述べられなかったり、他の趣旨の発言が行えないなどの事態が発生しないよう、公正・円滑な進行を心がけることが必要です。

発言が続出した場合、全員に対して発言の機会を与えなければならないのでしょうか。時間が許せば、発言希望者全員に発言を求めたほうがよいとは思いますが、時間等の関係もあり全員が発言することは不可能と判断される場合はその必要はありません。また、発言者が再度の発言を求めたり、同じ意見の者が同一あるいは類似の意見・質問を行うことを希望した場合、それを認めるかどうかも議長の判断となります。最終的には議案についての討議が尽くされたかどうか議長が判断して、採決を行うこととなります。

3 発言中止を求めたり退場を求める権限

議長の合理的な指示に従わない者がいた場合、注意し、繰り返されるようであればその中止を求めることも可能です。たとえば発言時間があまりに長く、他の者の発言機会を奪ったり会場の都合などで議事を進行させることがやむを得ない場合には、発言時間を制限することは当然認められることです。あらかじめ発言時間について1人あたりの時間を決めておくことも合理的ですが、他方で1人1分などの短時間の定めをしたりすると、言論を封殺しているとして問題となりかねません。

発言の中止を求めてもこれを守らない発言者に対しては発言禁止を命ずることも可能です。ただし、再三警告しても指示を守らないことが条件です。また不規則発言（ヤジ・罵声など）を禁止することは当然です。禁止をしてもさらに発言を続ける場合、退場を命ずることもできますが、これは最終的な

第6章 管理組合の運営についてのトラブル その2——総会の運営

手段でしょう。万一その者が暴言さらには暴行などの違法行為を行った場合は、警察を呼ばざるを得ない場合もあるでしょうが、これは極めて例外的な事態でしょう。

4 権限行使は公正に行うように留意する

このように、議長は進行については極めて大きな権限を有することとなりますが、この権限の行使はあくまで客観的で合理的なものでなければなりません。議案の内容と出席者数、発言者数、発言の内容などからみて、一方の立場に偏するような進行を行ったり、合理的な質問を拒絶したり、意見表明を封殺したりするなどの強引な進行を行うと、場合によっては総会決議が無効とされる場合もあり得ます。特に、理事長が議長を務める場合（法41参照）は、議長が議案提案者の立場となりますので、公平を保つことについて冷静さが必要です。

また、議長としては、進行については独断で行うのではなく、会場の参加者と相談しながら行うことも必要でしょう。質疑打切りなどを行う際は会場から質疑打切り動議を提出してもらい、それを採決するなどの方策をとったほうがよい場合もあるでしょう。もちろん、賛否が拮抗し引き続きの議論が必要な場合、延会する方策をとったほうがよい場合もありましょうから、臨機応変に判断してください。

216

Q58 総会に出席する代理人の代理権等の確認はどこまで行うべきか

今回の総会では、これまでの総会とは異なり、意見が対立する議案が審議されることとなっており、賛成者・反対者ともに委任状集めをしています。私は当日受付を担当する理事ですが、どのような点に気をつけるべきでしょうか。

▶▶▶ Point
① 代理人は委任状提出が原則です
② 根拠なく総会より前に委任状等を締め切ると、問題が生ずる可能性が高いです
③ 顔見知りの家族が委任状なしで出席した場合は代理人として扱ってよい場合が多いです
④ 身分証明書の提示までは求めなくてよい場合が多いです

1 代理人、委任状に関する規定

総会の運営は議長の責任ということとなりますが、議長が選任されていない段階では理事長（管理者）が運営について責任をもって対応することとなります。開会前の理事は理事長の指示に従い、受付業務を行うこととなります。

マンションの規模や規約にもよりますが、一般に規約では、組合員ないし代理人は代理権を称する書面を提出しなければならない（標準46Ⅵ）とされています。「委任状」といわれるものです。委任状は、組合員が代理人に対して特定の総会における議事について委任するとの趣旨がわかるものであれば足ります。また、事前に管理組合が配布した委任状用紙に記載しなければならないということはありません。

217

第6章 管理組合の運営についてのトラブル その2──総会の運営

　また、規約で代理人の資格に制限がある場合があります。たとえば、「組合員の配偶者、一親等内の親族、その組合員の住戸に同居する親族、他の組合員」などの定めがある場合はそれに従います（標準46Ⅴ参照）。このような規定がある場合は、規定された者以外の者が代理人になることはできません。

2　事前に委任状等の提出期限を定めてよいか

　規約において委任状の提出期限の定め（たとえば「総会の前日の午後5時まで」などの定め）がある場合は、その定めが合理的な範囲であれば認められる場合もあります。たとえば、マンションが非常に大規模である、あるいは議決権割合が複雑であって、当日の総会運営上事前に委任状の数等を集計しておくことが必要な場合などです。しかし、このような合理的理由もなく提出期日を設けたり、あるいは総会招集の直後に委任状の受付を締め切るなどの定めをした場合、区分所有者による議案の検討の機会を奪い、委任状による議決権の行使を認めた区分所有法39条2項の趣旨に反することとなり認められない可能性があります。なお、これは議決権行使書についても同様と考えられます。また、提出期限が定められている場合でも、期限に遅れて提出された委任状につき事務上問題なければ提出を認めることとしても差し支えありません。

　また、委任状等の事前提出を定める場合、もし委任状等の集計の名の下に反対者を把握して事前に対策を打つなどの行為を理事会側が行ったりすると問題となることがありますので、ご注意ください。

3　受付での代理権の確認

　さて、それでは当日の受付での代理権の確認ですが、このような受付での本人、代理人の確認業務を資格審査といいます（事前に委任状の提出を求めている場合はその集計管理も資格審査業務の一環です）。資格審査における審査の内容・程度は議長（開会前は理事長）の業務で、相当程度はその裁量に委ねら

218

れているものといえます。この事務を特定の理事や管理会社職員に担当させることとなります。

マンション管理組合総会の資格審査は、たとえば株主総会での資格審査と比べると相当の違いがあります。株主総会の運営は多数かつ流動的な株主について画一的処理をすることが必要ですが、管理組合は区分所有者同士のコミュニティをより重視して考えるべきです。

したがって、たとえば区分所有者の配偶者であると皆が知っている者が委任状を持たず総会受付に来た場合は、代理人として扱ってよいでしょう。一般に配偶者であれば日常家事につき代理権があるとされている趣旨からは（民法761参照）、総会での議決権行使はその範囲であるとされることが多いでしょう。このような場合は、入場を認めても違法ではないと思います。

これに対して、他の区分所有者からみて誰だかわからない者が代理人として来た場合は、委任状あるいは総会招集通知の所持等を確認すべきでしょう。特に問題となるのは、区分所有者本人からあらかじめ「家族には委任しない」などと通知を受けている場合です。このような場合は、原則どおり委任状を所持しているかどうかを確認することが必要です。

また、たとえば、これまでは配偶者は委任状なしで入場を認めていたのに、今回の総会だけ対立議案があるからといって委任状の提出を厳しく励行させるなど、従前の取扱いを著しく変えることは不適当です。

もちろん、委任状の提出が必要であるとの運用が間違っているということではありません。ただ、その場合は、その運用は家族を含むすべての代理人に平等に適用することをあらかじめ徹底しておく必要があります。

4 共有の場合

なお、代理の場合とは異なりますが、共有の場合は、共有者は議決権を行使すべき者1人を定めなければならない（法40）とされており、標準管理規約にも同様の規定がありますが、当日共有者の1名が来場した場合は、他の

第6章 管理組合の運営についてのトラブル　その2──総会の運営

共有者はその人が出席することについて合意していると考えて差し支えありません（横浜地決昭和63年5月10日）。ただし、他の共有者からあらかじめ異議が出されていたような場合を除きます。

5 本人確認の必要はあるか

最後に、受付に来た人が代理人「A」さんであるかどうかという確認までする必要があるかです。一般に、委任状あるいは招集通知を所持している者は「A」さんとして扱ってよいと思います。ただし、何か疑わしい事情がある場合は身分がわかるものを提示してもらう必要があることもあるでしょう。

6 資格審査委員の任命を

なお、トラブル防止のため対立議案がある場合は、事前に理事長において区分所有者の中から資格審査委員を任命し、資格審査委員が資格審査を担当することが考えられます。資格審査に少しでも不公正があると区分所有者から批判の声が上がる可能性が高く、あらかじめこれを防ぐことが無用な紛争の防止には必要です。理事長招集の総会の場合は理事長の権限で任命を行いうると考えます。

Q59 総会当日に議案の修正・訂正ができるか

　総会当日に議案を修正したり訂正することは許されますか。どの範囲なら許されるのでしょうか。

▶▶▶ Point

① 「議題」と「議案」の違いに注意しましょう

② 普通決議については招集時に「議題」を示せば法律上は足ります

③ 多くの特別決議では招集時に「議案の要領」も示さなければなりません

④ 普通決議においては総会当日の「議案」の修正・訂正は可能です

⑤ 上記④の場合の議決権行使書の扱いには注意が必要です

1 「議題」と「議案」の違い

　まず前提として、法において「議題」「議案」とは、どのように位置づけられているのでしょうか。

　区分所有法では、34条・35条に定める総会招集手続において「会議の目的たる事項」との用語が使われています。これは「第○期事業報告」「第○期事業計画」「第○期決算」「第○期予算」「新役員選任」あるいは「規約一部改正」「○○使用細則制定」「大規模修繕計画制定」等の会議のテーマを指します。これらは「議題」といわれるものです。

　これに対して、各テーマにつき提案者が決定すべき具体的内容として示したものが「議案」といわれるものです。事業報告や事業計画でいえばその具体的内容、予算・決算でいえば数字が全部入った決算書・予算書、役員選任の件であれば具体的な氏名、規約一部改正であれば改正する条文の具体的文言、使用細則制定であれば使用細則の具体的文言、大規模修繕計画制定でい

221

第6章 管理組合の運営についてのトラブル その2──総会の運営

えば計画の具体的内容がそれにあたります。通常は議案についても総会の前に配布されることが多く、「議題」と「議案」は区別がつきにくい場合もありますが、議事の標目（○○の件）が「議題」、その具体的内容が「議案」として区別することができるでしょう。

2 総会招集時に示す必要のある事項

普通決議の場合は法は総会招集にあたって、「会議の目的たる事項」つまり「議題」を示せば足りるとしています。

これに対し、特別決議事項の大部分については「議案の要領」を示すことが要求されます。（法35Ⅴ）。共用部分の変更（法17Ⅰ）、規約の制定、変更および廃止（法31Ⅰ）、大規模一部滅失の復旧（法61Ⅴ）、建替え（法62Ⅰ）、団地内建物の建替え承認における各棟の決議（法69Ⅶ）がそれにあたります。なお、特別決議事項のうち、たとえば管理組合の法人化（法47）、共同の利益に反する行為を行った者に対する使用禁止請求、競売請求、占有者に対する引渡し請求（法58～60）等は「議案の要領」を示す必要がないことにご注意ください。

なお、団地においても、団地内建物の建替え承認決議（法69Ⅰ）、団地内建物の一括建替え決議（法70Ⅰ）において、「会議の目的たる事項」を招集にあたって示すべきことが準用されています（法69Ⅳ・70Ⅳ）。さらに被災マンション法9条～11条、建替え円滑化法108条にも同趣旨の規定があります。

このほか、建替え決議、団地内建物の建替え承認決議、団地内建物の一括建替え決議では、招集の際「建替えを必要とする理由」等の各決議ごとに異なる事項の通知が必要です。被災マンション法や建替え円滑化法でも同様の規定があります。

標準管理規約でも区分所有法と同様の規定がおかれています（標準43ⅠⅣ～Ⅵ、標準（団地型）45ⅠⅣ～Ⅵ・69ⅠⅣ）。このように、規定上は原則は「会議の目的たる事項」つまり「議題」を招集時に通知すれば足りるとされており、

222

一定範囲の特別決議事項についてだけ、招集時に「議案の要領」を示す必要があるということとなるのです（「議案の要領」の記載の程度についてはＱ60参照）。

3 実務上は議案書を招集通知と同時に配布している

ただし、前記のとおり実際には招集通知と同時に、あるいは少なくとも総会前に、議案書を配布することが多いと思います。事前に総会で議論される「議題」について、「議案」の内容を各区分所有者が把握することができなければ、出席するかどうか、委任状を行使するか、あるいは議決権行使書を行使する際に賛否をどう考えるかなど困ってしまうことになります。適正化指針では、マンションの集会が管理組合の最高意思決定機関であることを強調したうえで、「管理組合の管理者等は、その意思決定にあたっては、事前に必要な資料を整備し、集会において適切な判断が行われるよう配慮する必要がある」としています（適正化指針二１）。したがって、事前に議案書が配布されることが望ましいことはいうまでもありません。

4 総会当日における議案の修正・訂正

普通決議の場合は、結論的には総会当日における議案の修正・訂正は、「会議の目的たる事項」つまり「議題」の範囲であれば法的には一応可能であるということとなります。字句や誤字の訂正はもちろんのこと、内容についてこれを変更することも可能であると解釈されます。

たとえば「管理費増額の件」について、事前に10％の値上げ案を記載した議案書を配布していたとしても、当日30％の値上げに提案者が修正することも、望ましくはありませんが法的には一応可能です。また、「役員選任の件」について、事前にＡＢＣさんを理事に選任すると記載した議案書を配った後で、当日Ｃさんが辞退したような場合、代わりにＤさんを選任することも可能です。さらに「会議の目的たる事項」つまり「議題」が招集の際に示されて

223

第6章 管理組合の運営についてのトラブル その2——総会の運営

さえいれば、総会当日口頭で議案を提案して決議することも可能と解釈されるでしょう。ただ、何が決議されたか後で紛争が起きる可能性があるので、議案を書面化しておいたほうが望ましいことはいうまでもありません。

これに対し、前記の一定範囲の特別決議の場合は「議案の要領」まで招集の時に提示しますので、これに反する修正提案はできません。再検討して再度総会を招集すべきです。ただし、明白な誤字等の誤りの訂正等は可能です。

5 議案が当日修正された場合の委任状、議決権行使書の取扱い

では、委任状や議決権行使書の取扱いはどうしたらよいでしょうか。

会社法では一定の場合、招集通知とともに添付書類としての計算書類、あるいは株主総会参考書類（会社法301・437等）の配布が義務づけられています。これは、会社法では多くの株主の権利の保護を図ると同時に能率的な処理を図る必要があるからです。現実的にも多くの株主は配当を目的としており、株主総会には参加しない者が多いでしょう。これに対して、区分所有法の規定はマンションの区分所有者の財産、あるいはコミュニティを維持することを旨としています。そこでは多くの区分所有者が総会に参加し、そこで議論をし、自らのマンションのことを決めていくことが理想とされています。会社法における議論をそのままマンションでの議論に流用することはできません。

理想と現実は異なり、実際の総会では、委任状・議決権行使書がほとんどで実際の参加者はまばらということが多いかもしれませんが、これは本来の予定されている姿ではありません。総会で自主的に話合いがなされることが基本なのです。そうすると、重要な特別決議を除いては、総会での話合いで議案の内容が変わることはある程度はやむを得ないものであるとして、法は作られていると考えられます（動議についてのQ64参照）。

委任状・議決権行使書の提出者は、事前に配布された議案を見て、賛成・反対の意思を決め各書面を提出しているでしょう。詳細はQ66でも述べま

すが、委任状の場合は受任者がいますから受任者の裁量で行使することが可能です。議決権行使書の扱いについては、当日修正された議案が議決権行使書提出者の想定を超えるものと考えられる場合かどうかという判断基準で考えるべきでしょう。これは当日の議案の修正の範囲によることとなります。先ほどの例でいえば、議案書に10％の値上げと書いてあるのに当日30％と提案者が議案を修正したとすれば、議決権行使書に管理費増額の件についていくら賛成と書いてあっても、それを30％に賛成したとしてカウントすることはできないと思います。これに対し、理事候補者の1人に辞退者が出たので急遽別の者の選任を提案するということであれば、役員選任の件に賛成と書いてあれば賛成とカウントしてよいと思います。

6 議題の中に議案が含まれると解釈される場合

なお、「会議の目的たる事項」すなわち「議題」の中に「議案」が書き込まれていた場合はどうでしょうか。たとえば、「議題」として「管理費値上げの件」ではなく「管理費を10％値上げする件」とされていた場合はどうでしょうか。あるいは、「役員選任の件」と書かれておらず「ＡＢＣを役員に選任する件」とされていた場合はどうでしょうか。このような場合は「会議の目的たる事項」の内容が一定程度特定されていることとなるので、内容の修正は認められないという議論も成り立つところです。招集通知や議案書の内容を見て、どこまでが「議題」か、どこからが「議案」かを分けて考える必要があるでしょう。

第6章 管理組合の運営についてのトラブル その2——総会の運営

Q60 特別決議を要する事項について「議案の要領」はどこまで記載しなければならないのか

規約改正を審議する総会、あるいはエレベーター設置など共用部分の変更を審議する総会において、事前に示さなければならない「議案の要領」とはどの程度のものをいうのですか。

▶▶▶ Point

① 規約改正の場合は、改正条文の新旧対照表を付けましょう

② 共用部分変更の場合は、図面・仕様書等で変更内容を特定します

③ できるだけ詳しく特定することが望ましいといえます

1 「議案の要領」とは

一定の特別決議（共用部分の変更、規約設定・変更・廃止、建替え等。Q59参照）を行う場合、総会招集と同時に必ず「議案の要領」を通知しなければなりませんが、その「議案の要領」の定義が問題となります。これは「議案」（会議で提案者が提起し審議・議決の対象となる案）そのものではなく、その内容を要約したものということとなります。その要約は、区分所有者が議案に対し総会の前に意思決定（出席・欠席・委任状を提出する、あるいは賛成・反対・棄権）することが可能な程度のものでなければなりません。なお、「議案の要領」は「議案」そのものの要約ですから議案の提案理由は含まれません。

その要約ですが、区分所有者において提案の基本的内容について理解できる程度の記載がされていることが必要です。基本的内容が理解できないような要約をしても「議案の要領」としては認められません。

実際には総会の通知の際、少なくとも特別決議については「議案の要領」のみならず「議案」を配布している運用が多いでしょう。

226

2 規約の設定・変更・廃止（法31Ⅰ）

　規約の設定・変更・廃止については、具体的な条文の案を示す必要があると思います。設定や全部改正の場合は規約の全文を示します。一部改正の場合は改正される条文の摘示が必要です。

　たとえば、「第〇条第〇項　管理組合に次の役員を置く　理事長1名　副理事長1名　理事8名　監事1名」を「第〇条第〇項　管理組合に次の役員を置く　理事長1名　副理事長1名　理事10名　監事1名」と改正する、といった記載が必要です。ただ「理事を増員する」だけでは「議案の要領」とはいえません。

　それでは、「理事を2名増員する内容の規約改正を行う」という記載は「議案の要領」となるでしょうか。何とか法律の規定はクリアするとの意見もあるかもしれませんが、少なくとも総会当日の議決では具体的条文をあげて審議することになるのですから、総会招集時に新条文案をきちんと通知すべきです。

3 共用部分の変更（法17Ⅰ）

　共用部分の変更における「議案の要領」は、たとえばエレベーター設置の例では「別紙図面の通りエレベーター計2台を設置する。エレベーターの仕様は次の通りとする」というような具体的な変更の位置、変更の内容、基本的仕様を記載した内容となります。単に「エレベーターを設置する」と記載するだけでは「議案の要領」を記載したことにはなりません。設置位置や設置されるエレベーターの基本的仕様（大きさ、乗降人数、速度、防災対策等）は各区分所有者の判断に大きな影響を与えますから、なるべく具体的なものであることが必要です。ただし、設置メーカー、管理業者、機種、費用、ランニングコストなどは共用部分変更決議の「議案の要領」に含まれるとは必ずしもいえず、別に工事実施の決議あるいは予算の決議で行っても差し支え

第6章 管理組合の運営についてのトラブル その2——総会の運営

ありません。

　共用敷地の緑地を削って駐車場を設置する場合などは、「議案の要領」は、たとえば「別紙図面の通り駐車場を設置する」として変更する敷地部分を図面上位置を距離等で特定した図面を添付すべきです。ただ単に「敷地西側の緑地を駐車場にする」などのあいまいな記載は許されません。それでは「〇〇号室バルコニー前の空地を駐車場１台分に変更する」という記載はどうでしょうか。「〇〇号室バルコニー前」のうちのどの部分かが明確に特定できないような場合は、「議案の要領」としては許されないと思います。

4 建物の一部滅失における共用部分の復旧（法61Ⅴ）

　災害等でマンションが一部滅失した場合の共用部分の復旧については、建物の価格の２分の１を超える部分が滅失した場合は特別決議が必要です（建物の価格の２分の１以下が滅失した場合は各自が共用部分および自己の専有部分の復旧をすることができます。法61Ⅰ）。この場合の「議案の要領」は「別紙図面の部分を復旧する工事をする。復旧工事の図面、仕様は次の通りとする。工事費用の額は概算〇〇万円とする」という内容まで必要だと思います。

　この場合はいわゆる大規模な復旧であり、決議に賛成しなかった者は賛成者に対し買取りを求めることも認められる（法61Ⅵ）のですから、各人が具体的に検討ができるように図面や仕様書の添付も必要です。費用についても重要な判断要素となりますから、この場合「議案の要領」に含まれると考えます。ただし、記載すべき費用は確定額ではなく概算額であって差し支えありません。

5 建替え決議等

　法62条の建替え決議、団地における法59条の団地内建物の建替え承認決議、同じく団地における法70条の一括建替え決議については、「議案の要領」は各建替えの具体的内容ということとなります。また、各条文に規定されて

228

Q 60　特別決議を要する事項について「議案の要領」はどこまで記載しなければならないのか

いる建替え等に関する詳細な事項を通知することは必須となります（法62Ⅱ・69Ⅳ・70Ⅲ）ので参照してください。なお、各決議の「議案の要領」に記載すべき費用は確定額でなく概算額で差し支えないことは 4 と同様です。

6　最後に

　総会において意思決定に必要な資料を事前に整備し、総会で適切な判断ができるようにすべきことは、適正化指針で定められています（同指針二１）。また、「議案の要領」の範囲について迷うことがあれば、できるだけ議案の内容を詳しく特定することにより、総会決議が無効となってしまうようなリスクを防ぐことができるともいえましょう。可能な限り詳細な記載が望まれます。

第6章 管理組合の運営についてのトラブル　その2──総会の運営

Q61 総会当日に役員へ立候補することは認められるか

事前に配布された総会の議案では理事としてＡＢＣＤＥＦＧの7人が候補者とされています。しかし、総会当日になって、その他の議案に対し反対意見を表明したＨさんが、理事に立候補したいと申し出ました。どう取り扱ったらよろしいでしょうか。規約上の理事の定数がいくつかにより結論は変わりますか。

▶▶▶ Point
① 総会当日の立候補は議案の修正として認められるべきです
② 定数超過の場合は選挙を行うのが望ましいといえます
③ 定数の範囲内の場合は、原案・立候補者で各選任の可否を議決しても問題ありません
④ 対立候補がいる場合の議決権行使書の意思の推認方法
⑤ 役員選考規定等がある場合

1 当日の立候補の法的性格

総会での役員選任の件は、総会招集時に「議案の要領」を示さなければならない議案ではありません（法35Ⅴ参照）。普通決議とされているマンションがほとんどでしょう（標準47ⅠⅡ）。Ｑ59で述べたとおり、総会招集の際には「役員選任の件」という「議題」だけを示せば足り、誰を具体的に選任するかは総会席上までに「議案」として提案することができます。ただし、実際には総会の招集通知とともに議案として候補者が発表されることが普通です。

またＱ64で述べますように、「役員選任の件」という議題の範囲においては、当日修正動議を出すことが可能です。事前に配布された議案記載のＡ～Ｇさ

230

んら７人のほかに、Ｈさんが立候補することは、Ｈさんからの、当初の議案にかかわらず自分も理事に選任してほしいという内容の議案修正の提案と考えられますので、これは修正動議として取り扱うこととなります。立候補を認めないこととするのは問題です。

2 定数が７名の場合

ここで、規約に定める理事の定数が７名であった場合は、必然的に１名が落選することとなります。まず立候補者の調整などを行うこととなりますが、誰も辞退しないという場合はその場で議決で決めるほかありません。

この場合はＨさんの立候補は修正動議として取り扱われますが、議決のやり方は議長が定めることができます。また、議場から選任方法について動議を提出することも可能でしょう。

議決の方法はいろいろな方法が考えられます。

第１に、原案を先議して、原案の可決をもってＨさん選任の修正動議は否決という扱いが考えられるでしょう。動議は修正動議を先議するのが原則ですが、明らかに委任状等によってＨさんの選任が認められるとは予期できない場合、このような原案先議の方法をとることは違法とはいえません。しかし、Ｈさんとしては自らの選任についてきちんと採決をしてほしいと考えるのが普通でしょう。

第２に、Ｈさんの選任を認めるかどうかを先に審議するという方法が考えられます。Ｈさんを選任するか採決をし（修正動議の先議）、それが否決されれば修正動議は不成立となり、Ａ～Ｇの７名についてあらためて選任決議をすればＡ～Ｇを選任することとなります。しかし、ここでＨさんの選任が可決された場合はどうなるでしょうか。Ａ～Ｇのうちの１名はすでにこの時点で規約上の定数をオーバーすることとなり不可能です。したがって、その中から誰を選任するかを決定しなければならなくなります。仮にＡさん、Ｂさん……の順に採決をしていくこととするとＡさんからＦさんが選任された段

第6章 管理組合の運営についてのトラブル その2──総会の運営

階で、理事の定数は満たされてしまい、Gさんについては投票できないことになってしまいます。

以上の2つの立場はどのように行っても投票順で不公平が生じる可能性があり、避けるべきでしょう。

私見では、このような場合議長としては、Hさんも入れてA～Hの8名から7名をその多数の順に選任するとの方法をとるべきだと思います。具体的には、選挙をその場で行い、選挙の結果をもって議決とすることと決めます。ただし、議決要件（たとえば過半数の賛成）を満たさないものは議決されないと考えるべきでしょう。一般に選挙のやり方は単記、連記などいくつか方法があります。しかし、単記投票では議決要件を満たさない者（たとえば過半数以下の票しかとれない者）ばかりとなってしまうこととなる可能性があること、また、議決権行使書提出者をどう扱うかなど問題が生じます。したがって、連記が望ましいと考えます。連記の場合は各人が投票できる候補者の数が問題となりますが、これは理事の定数まで（本件では7人まで）投票することができるとすべきと考えます。

投票に先立ち、各候補者には所信表明をする機会を十分に与える必要があると思います。投票について、白紙を配布し、各自席で記載のうえ回収すれば足ります。また、各自の議決権の数が異なる場合や各自の委任状所持数との関係で、何票をもつ区分所有者が誰に投票したかがわからないと議決としては集計できず無効となりかねません。この点からは記名投票とすべき場合もあるでしょう。

投票の結果議決要件（たとえば過半数の賛成）を満たした者で多数を得た順に当選とします。

③ 定数が8名以上の場合

これに対して、定数が7名～10名などと幅をもって定められている場合はどうでしょうか。この場合は、前記の定数オーバーの問題は起きませんの

で、Hさんを選任するかの採決と、A〜Gさんを選任するかの採決をそれぞれ行っても、結果に矛盾は生じません。両者は両立する議案です。

なお、この場合、1人ひとりについて選任を認めるかどうかを議決するとの方法をとることも議長の裁量で認められると考えます。定数をオーバーする心配はなく、それぞれ議決要件（たとえば過半数の賛成）を満たした候補者が当選します。

4 投票の場合の委任状・議決権行使書の扱い

委任状を持つ者は、役員選任において委任された議決権の数だけ、賛否の投票をすることができるということとなります。これは立候補者数が定数を下回っている場合でも同様です（東京地判平成22年3月3日）。

これに対して、議決権行使書の扱いは問題です。定数が7人の場合の例で考えます。

この場合、議決権行使書で議案（A〜Gの選任）に賛成と記載されている場合は、当日立候補者のHさんの選任には反対、A〜Gさんの選任に賛成という意思であると推認されるでしょう。議決権行使書に議案（A〜Gの選任）に反対と記載されている場合はA〜Gの選任に反対。Hさんについては棄権ということになると思います。

ただし、A〜G選任に賛成という議決権行使書を、投票の結果で定めるという総会当日の議長の判断に賛成とまで読めるのか疑問が発生する可能性は残ります。私見では、議事運営に関する動議については当日の参加者で決めることができるのと同様（Q64参照）に、対立候補が出た場合選挙の方法で選任するという議長・参加者の判断について特段意見がないと解釈することは可能だと思います。

このような疑念を発生させないためには、議案書に、当日立候補が出た場合は選挙により決定する旨記載しておいたほうがベターでしょう。

次に、議決権行使書との関係ではどのような選挙をすべきかという問題点

第6章 管理組合の運営についてのトラブル その2──総会の運営

です。連記投票の場合はA〜Gの全員に対する賛成票として扱うこととなります。では単記投票をとれるでしょうか。単記投票をとると議決権行使書で役員選任の議案に「賛成」とある場合は、A〜Gのうちの誰を一番選びたいかは記載からはわかりません。この場合、AないしGに平等に票を割り当てるという方法もあるかもしれませんが、意思の推測としては擬制的にすぎます。こう考えると単記投票の方法をとるのは困難であると思います。

これらは議題、議案の内容、議決権行使書の形式(候補者リストに対する賛否が記載されているのか、個別候補に対する賛否が記載されているのか)、定数と立候補者の数、選任の方法によって具体的に考えていくしかありません。

なお、本設問は対立候補が出た場合ですから、Q59の場合と結論が異なることとなるのはやむを得ないと思います。

5 役員選任規定がある場合当日の立候補は禁止できるか

細則として役員選任に関する規定を設けているマンションもあります。この場合はその細則の規定を優先して考えるべきでしょう。また、実際に役員のやり手が少ない場合も多いですから、候補者推薦規定や役員選考規定を設けることは有益な方法です。

しかし、候補者推薦制度や役員選考規定がある場合でも、推薦や選考を受けていない者が総会当日に立候補することを認めないとの規定をつくると、問題となります。総会参加者は前記のとおり議題の範囲で総会議案の修正を求める権能があり、その権能を奪うことは会議というものの一般原則に反することとなると考えるからです。

234

Q62 区分所有者の頭数はどのように数えるのか

Q62 区分所有者の頭数はどのように数えるのか

区分所有法では、議決権による多数決のほかに、区分所有者の頭数による多数決を必要とするそうですが、実際にどう数えたらよいのでしょうか。

▶▶▶ Point

① 総会では区分所有者の頭数による多数決を要求しています

② 普通決議では規約で頭数による多数決を行わない定めとすることが多いです

③ 特別決議では規約であっても頭数による多数決を排除できません

④ 共有住戸の場合は共有の組合せごとに1つの頭数と考えます

1 総会での区分所有者の頭数による多数決の意義

区分所有法では、議決権による多数決のみならず、区分所有者の頭数による多数決が規定されています。

まず、管理組合総会での決議は、「この法律又は規約に別段の定めがない限り、区分所有者及び議決権の各過半数で決する」と規定されており（法39Ⅰ）、区分所有者数と議決権の2つの過半数が必要です。この方法による決議を「普通決議」といいます。ただし普通決議については、規約で議決権の半数以上との定足数の定めをおいたうえ「出席組合員の議決権の過半数で決する」とされているケースが多く、標準管理規約もこの方式をとっています（標準47Ⅰ）。したがって、このような標準管理規約同様の規定をおいているマンションでは、区分所有者の数の過半数の計算は必要ありません。

これに対して、区分所有法が特別の定を要求する決議、代表的には、①

235

共用部分の変更（法17）、②規約の設定・変更・廃止（法31）、③共同の利益に反する行為をした者に対する使用禁止・競売請求、占有者に対する引渡し請求（法58〜60）、④大規模一部滅失した場合の復旧（法61Ⅴ）、⑤建替え（法62）などを行う際の決議は、「区分所有者及び議決権の各4分の3以上」（⑤建替えの場合は「各5分の4以上」）と議決要件が加重されており、その一部（法17Ⅰただし書参照）を除きこの要件の変更は認められません。したがって、これら特別決議の場合には、区分所有者の数による多数決が必要となってくるのです。

この区分所有者の数による多数決が要求されているのは、一部の区分所有者が多数の専有部分を所有している場合に、特定の一部の者の意向のみにより議決内容が左右されることを防ぐためです。区分所有者の頭数による計算を行えば特別多数決の要件を満たしていなかったとして総会決議が無効とされた裁判例もありますので注意が必要です（建替え決議の場合について神戸地判平成13年1月31日）。

2 区分所有者の頭数の数え方のルール

さて、次の問題はこの区分所有者の数の数え方のルールですが、この点は次のように考えるのが妥当だと思います。

(1) 複数戸を1人が所有している場合

Aさんが何戸所有していてもAさんは区分所有者の頭数としてはあくまで1名です。10戸のマンションでAさんが8戸、B・Cさんが各1戸所有しており、議決権は1戸1議決権であるとします。この例で考えますと、Aさんは議決権では80％を有していますが、区分所有者の数のうえでは3名中1名ということとなり33.3％しか有していませんので、単独で4分の3以上の特別決議を可決させることはできません。

(2) 共有住戸の場合

共有住戸については、1戸と数えます。家族による共有など多くあるケー

スですが、たとえば夫婦であるＡさんとＢさんが共有する住戸は区分所有者の頭数においては「ＡＢ共有」という区分所有者１名と数えます。また、ＡＢ共有の専有部分がいくつあってもあくまで「ＡＢ共有」という区分所有者が１名いるということとなります。

(3) 共有の組合せが異なる場合

これに対し、共有の組合せが異なる専有部分については、組合せごとに別の頭数として数えます。たとえば２つの専有部分があり、ＡさんとＢさんが共有している専有部分と、ＡさんとＣさんが共有している専有部分がある場合は、「ＡＢ共有」という区分所有者と「ＡＣ共有」という２名の区分所有者がいるものとして数えます。仮にＡＢＣが親族であったとしても、異なる人格である以上はこのように計算せざるを得ないと思います。４戸のマンションで各所有者がＡ、ＡＢ、ＡＣ、ＢＣであった場合は、頭数はＡＢＣの３名ではなく、組合せが異なるごとに４名と考えます。

(4) 共有の組合せは同じだが共有持分割合が異なる場合

それではＡＢという共有者が、いくつも区分所有権を有している場合で、かつその共有持分割合が異なっている場合はどうでしょうか。つまりＡＢの共有持分割合がＡ２：Ｂ１という専有部分があり、他方でＡ１：Ｂ２という専有部分がある場合、これは前記(2)と同様に考えられるでしょうか。これは議論が分かれていますが、前記(3)の場合と異なり異なる人格が含まれているわけでもなく利害関係は同一のことが多いこと、また、理論的にも共有者が持分を放棄するとその持分は他の共有者に帰属すること（民法252）からみても共有持分には弾力性があると考えられること、このような場合まで別の頭数として数えることを認めるとわずかに共有割合を違えるだけで頭数によるカウントをクリアすることが可能となってしまい、区分所有者の数によるカウントを要求した法の趣旨に反することなどから、同一の者として数えてよいと思います。

第6章 管理組合の運営についてのトラブル　その2──総会の運営

Q63　議決権行使書の提出者は出席者として扱われるか

　定足数の計算の際に議決権行使書の提出者は出席者として扱われますか。

▶▶▶ Point

①　委任状と議決権行使書の違いに注意しましょう

②　規約に定めがあれば議決権行使書提出者は出席扱いとなります

③　ただし、規約の趣旨により現実の出席者と解釈される場合があります

1　委任状と議決権行使書の違い

　総会における議決権は書面または代理人によって行使することができます（法39Ⅱ）。なお、電磁的方法（電子メール、ウェブサイトでの投票等）による行使も認められますが、この点は規約・総会決議によります。委任状による行使は受任者に対して委任をすることとなりますので、受任者が委任をした人の代わりに議決権を行使することとなります。これに対して書面による議決権行使は、「書面議決書」あるいは「議決権行使書」などの書面を提出し、その記載に従って議決権を行使したものとされるものです。（電磁的方法の場合も同様です）。

2　出席したかどうかの取扱い

　多くの管理組合では「総会の会議は、議決権総数の半数以上を有する組合員が出席しなければならない」などと定められており、これを「定足数」といいます。定足数を満たさない場合は総会は開会できず、決議もすることはできません。また、議決の要件も普通決議の場合は「出席組合員の議決権の

238

過半数」などと定められていることが多いと思います（標準47ⅠⅡ）。

委任状による議決権行使の場合は、受任者が委任者の代わりに出席することとなりますので「出席」の中に含めることとなります。

これに対し、書面による議決権行使者はあくまで総会には出席せず議決権を行使するというのが法の建前ですから、原則は出席扱いになりません。

ただ、これでは大多数が書面議決書の提出となった場合、その意思が反映されず総会が流会になってしまい望ましくありません。そこで、規約で書面による議決権行使を行ったものは「出席」組合員とみなす旨の条項をおいていることが多く（標準47Ⅵ）、この規定がある場合は出席として扱うこととなります。

3 現実の「出席者」として解釈される場合もある

ただし、規約によりますが、この「出席」の規定が現実の「出席」を指しているとしか解釈されない場合は、前記の標準管理規約47条6項のような規定があったとしても、書面による議決権行使者は「出席」として扱われないことがありますのでご注意ください。たとえば規約で、「本人による出席が議決権の半数以上いなければ開会することができない」という定めのある場合、また、「議長に委任された委任状については本人による出席者の中で多数を占める意見として行使することとする」などの定めがある規約の場合は、現実にその会議に本人として出席している者として解釈するべきです。

第6章 管理組合の運営についてのトラブル　その2──総会の運営

Q64 動議とは何か。修正動議を議決の対象にすることができるか

　総会で、議長不信任動議が出された場合はどう対応するべきですか。
また、原案に対し修正動議を出すことは認められるのですか。

▶▶▶ Point

① 　動議とは何か

② 　議事進行についての動議は優先して採決しましょう

③ 　修正動議は当初の議題の範囲であれば審議することができます

④ 　修正動議の採決の方法についてはできれば修正案を先議するべきです

1 　動議とは何か

　動議とは、一般に会議中に参加者が予定以外の議案を提出することをいいます。その種別は、

　① 　議事進行に関する動議、たとえば議長不信任動議、審議の方法についての動議（議題の審議の順序に関する動議、複数の議題の一括審議を求める動議、発言時間制限の動議、質疑打切り動議）、採決の方法（挙手、投票その他）に関する動議、休憩動議、延会動議など

　② 　議案に関する動議、修正動議

などです。区分所有法ではこれらについての規定はありませんが、およそ会議一般において会議の構成員がこれら動議を提出することは議決権の一環として認められるもので、この構成員の権能を規約・細則等によって奪うことはできないと考えられます。会議は提案者の提案を承認するだけの機関ではありません。

　もちろん動議提出が、総会の審議の混乱や遅延を目的としている場合は権

240

利濫用として許されない場合がありますが、そのようなことは例外的な場合と考えるべきです。

また、動議が出た場合の委任状・議決権行使書の取扱いについてはＱ66を参照してください。

2 議事進行に関する動議

議事進行に関してはＱ57で述べたとおり、議長に広範な裁量権があると考えられます。しかし、この議長の裁量に不服がある場合や議事進行について参加者がイニシアチブをとりたいと考える場合は、構成員は動議を提出することになります。

議決の順序としては、議事進行に関する動議が提出された場合は、本来の議題に先立ってこの動議を採決しなければならないのが原則です。なお、議事進行に関する動議が出された場合、その審議においては議長はそのまま議長を続けてかまいません。議事進行に関する動議は、委任状に動議についての記載がない場合は現実にその場に出席している者の過半数で決定します（Ｑ66参照）。

また、この種の動議については、特に動議を取り上げるかどうかを諮ったうえで採決する必要はなく、討議に付し直接採決に付してかまいません。

なお、規約で「議長は理事長が務める」と規定されている場合でも、議長不信任動議が可決された場合においてはあらためて議長を選任すべきです。

3 議案を修正する動議

これに対して、議案の修正動議についてはいろいろな問題があります。

まず「会議の目的たる事項＝議題」の範囲を超える動議は、修正動議としては認められません（法39Ⅰ、標準47Ⅹ）。ここでは当初の招集における議題の範囲であるかどうかで判断します。（詳細はＱ65参照）。ただし、特別決議事項を除いて、あらかじめ規約で招集時に示された議題以外の件も総会で審

241

議できるとの規定があれば、当日別議題の提案（一般に「緊急動議」といいます）も認められます（法37Ⅱ）が、このような規約は少ないと思います（標準47Ⅹ参照）。

　修正動議が出された場合はこれを審議の対象にする必要があります。修正動議は原則認められないなどとの扱いは許されませんし、動議を取り上げるかどうかをまず議場に諮り、認められない場合は動議提出を許さないという扱いも認められないと思います。

　修正動議の審議ですが、動議提出者から提案理由等を説明してもらい討議に付す必要があります。討議は原案といっしょに行ってかまいません。問題は修正動議の採決方法です。原則は修正動議は先に採決するべきもの（修正動議の先議）です。もちろん現実問題、委任状や議決権行使書によって原案が可決される場合が多いと思いますので、議長が原案を先に採決し、その可決をもって修正動議否決と扱っても違法とはいえませんが、採決においても少数派の意見の表明を認めるべきだと思いますので望ましくないと考えます。

　同一の議題について、修正動議が複数出た場合は、原案に最も遠いところから採決をするべきとの運用が望ましいでしょう。たとえば、管理費10％値上げの原案（A案）に対して15％値上げの修正動議（B案）、20％値上げの修正動議（C案）が出た場合は、まずC案について採決を行い、仮にそれが否決された場合はB案、それも否決された場合はA案の順にそれぞれ採決すべきです。C案に賛成の人でも、それが否決された場合にB案、A案に反対しないという投票行動が予測されるからです。もちろん議長の裁量で「A案、B案、C案、いずれも反対、棄権」などと各案を並列して採決しても違法ではありませんが、現実の参加者の投票行動に即した採決が望ましいと思います。

　修正動議を先に審議してそれが可決された場合においても、修正動議の内容が原案の一部修正にとどまる場合は、動議によって元の議案が修正されたと考え、修正された原案を再度採決に付すべきでしょう。これに対して修正

案が原案の全部修正である場合は、修正動議の可決を持って原案否決という扱いをしてかまいません。

いずれにしても修正動議の内容（一部修正か全部修正か、原案と両立するかしないか）で採決方法も変わります。なるべくいろいろな意見表明が採決上も反映する方策を議長は考える必要があると思います。

コラム⑧　区分所有法と会社法における解釈手法の違い

マンションの総会の運営などについては、会社法の知識が一応参考にはなります。会社法の判例はその前身の商法の時代から多数示されています。本文記載の委任状や書面議決書、議案（会社法でいえば株主総会参考書類）の事前の配布の問題についても、会社法施行規則や金融商品取引法などに基づく委任状勧誘規則に基づいて詳細な規定があります。

しかし、区分所有法には詳細な規定はありません。マンションにおいては、規約は自治規範とされ、多くの区分所有者（多くの例では居住する住民）のコミュニティに配慮して解釈することが必要です。これに対して、会社法は多数の株主や利害関係者（ステークホルダー）が存在する中で、機動的・画一的に紛争を解決していかなければなりません。マンションの法律問題において、会社法関連の法令・判例等を参考にするとしても、以上の違いを頭に入れて考えを進めていく必要があります。

しかし、管理組合総会などで会社法関連の規定を持ち出して「会社法の定めはこうなっている」と主張する方が時々いらっしゃいます。この点は、ぜひ戒めていただきたいと思います。

なお、平成28年3月の標準管理規約の大改正において、管理組合のガバナンス（統治）の観点が強調されました。もちろんそれを否定する必要はありませんが、国土交通省においては、管理組合の規約自治の趣旨をもう少し汲み取っていくことが必要であったと思います。特に、コミュニティ条項を廃止したことなどはそのゆがみの典型でしょう。

第6章 管理組合の運営についてのトラブル その2——総会の運営

Q65 修正動議によって修正が認められる限界はどこまでか

(1) 総会当日に参加者から予算案にない玄関前の舗装工事を本年度行うべきとの提案がなされました。予算案の修正動議として採決に付してよいですか。修正動議が可決されたらこの総会で舗装工事も決定したことになるのですか。

(2) 「マンション北側の緑地を削り駐車場10台分を新設する」との議案が総会で審議される予定です。総会当日「駐車台数を減らし7台分とする」との修正動議が提出されました。このような修正動議の提出は認められるのですか。

▶▶▶ Point

① 普通決議では修正動議の可否は総会招集時の議題の記載により判断します

② 規約で総会議決事項にあげられている項目かどうかは1つの基準となります

③ 特別決議では「議案の要領」の記載を超える修正はできませんが、それより詳細な事項は修正可能です

1 問題の所在

総会においては「会議の目的たる事項」すなわち議題の範囲内であれば、総会当日修正動議を出したり、あるいは提案者自らが議案を修正できることはQ59・Q64で述べたとおりです。ただし、前述のとおり、議題の範囲を超えるのかどうかが問題となります。議題の範囲を超え別の議題であると考えられる場合は、当日審議することはできず、あらためてその別の議題を審

244

議する総会を招集しなければなりません。

なお、規約で特別決議を除いては総会当日にあらかじめ示された議題についても審議することができるとの定めがある場合はそれに従いますが（法37Ⅱ）、そのような規定例はあまりありません（標準47Ⅹ参照）。

2 普通決議の場合

普通決議の場合は具体的に次のとおりとなります。

(1) 事業計画

事業計画については、当日修正をすることは可能です。ただし、予算を伴う事業については、議題として別に予算が掲げられているでしょうから、その修正をすることも必要です。また、事業計画の中で管理費の増減額あるいは修繕積立金の取崩しを決めることは、事前にこれらの議題が別に提起されていない以上は、たとえ事業計画が修正議決されたとしても、管理費増額、修繕積立金取崩しの効果は発生しません。その意味で実施不可能部分を含む事業計画になってしまいます。

(2) 予 算

予算については、具体的な数字や費目の修正であっても修正は可能です。

ただし、予算案で修繕積立金の取崩しを行うこととなっていないのに、当日の修正により修繕積立金の取崩しを決定したらどうでしょうか。修繕積立金の取崩しは予算とは別に総会の議決事項と考えるべきであって、別に議題としてあげるべきものです。仮に予算としては修正して決定した場合でも、修繕積立金の取崩しを決定するには別途総会招集が必要で、それまでは実現できない予算になってしまいます。後日その際予算を修正したほうが現実的です。

予算案では管理費据置きの提案であるにもかかわらず、これを総会当日修正して管理費増額を含む予算と決定することはできるでしょうか。規約の定めにもよりますが、管理費の決定は総会の議決事項とされている例がほとん

どです（管理費が規約別表に定められている場合はQ23参照）。したがって、管理費増額は別の議題にあげるべきものです。仮に予算としては決めることができると考えたとしても、管理費の値上げを決めるためには別途総会招集が必要と考えます。

　予算案に理事への報酬支給がないのに、総会当日修正して理事への報酬支給を決定した場合も同様です。別途総会を開いて支給決議が必要です。

　共用部分の修繕費に関する予算の修正によって、その総会で別途議題となっていない工事を行うことを決定したとしても、それはあくまで予算の問題（予算取り）であって、その工事の実施については別途総会決議が必要です。工事の実施は予算とは議題が違うからです。なお、軽微な工事の実施決定の権限が理事会等にある場合は別途理事会決議を行うこととなります。

(3)　管理費、修繕積立金、使用料

　管理費・修繕積立金・使用料増額についてはどうでしょうか。たとえば、議題が「管理費増額の件」であれば増額幅を修正することは可能です。しかし、増額の議題であるにもかかわらず減額することはできません。なお、議題が「管理費改定の件」であれば可能ということとなります。

(4)　役員選任

　役員選任についてはQ61で述べたとおりです。

(5)　その他

　その他の普通決議においても、事前に提起された議題の範囲を超える修正かどうかは、第1に議題の記載によって判断されることとなります。もちろん、記載上何が議案で何が議題かは明確でない場合がありますが、審議されるべきテーマかその内容かという点でおのずと区別することが可能でしょう。また、規約において総会での議決事項として列挙されているもの（標準48）は、それ自体が独自の議題となるべきものと判断されることとなります。したがって、関連事項であっても独自の議題として掲げていない場合は、別の議案を修正したから、別のテーマが決定されたことにはなりません。また、

「管理費増額の件」か「管理費改定の件」かなどの議題の書き方によっても総会で修正可能かどうかの結論が変わる場合があります。いずれにしても提案者がどう思うかという主観ではなく、どのように書かれていたかという客観的事実により、議題の範囲の判断を行うべきです。

議題の範囲を超える修正を行うと、その修正議決は無効とされる可能性があります。修正動議が出ることが予期される場合、議長はこれらに気をつけて総会を運営してください。

3 特別決議の場合

これに対して、特別決議は議題のほかに「議案の要領」を総会招集時に示す必要があるものが多くあります。この場合は、「議案の要領」を超える範囲の修正はできません。「議案の要領」をどの程度記載すべきかはQ60を参照してください。

たとえば、規約改正（法31）については、改めるべき条文が示されていますから、示されていたものとは別の条文を改めることに修正することはできません。ただ、改正案として提示されている条文で、かつ「議案の要領」の範囲内のことであれば、当日文言の削除、付加などの修正をすることは不可能ではありません。ただし、表現上の修正の範囲にとどまるものと考えます。

共用部分の変更（法17）について、たとえば「議案の要領」として「特定の場所を緑地から駐車場10台分にする」と提示されていた場合、それとは別の場所を駐車場にするという修正は許されません。しかし、場所は全く同じで駐車台数を10台から7台に減らすというような修正は許されると思います。

一定の特別決議において「議案の要領」を提示する必要があるのは、特別決議という各自の利害も絡む重要な議題については事前に内容を吟味して、各区分所有者が総会に臨むことが必要だからです。それによって、各区分所有者が出席するのか委任状を提出するのか、議決権行使書の賛否の記載をどうするかも変わってくるでしょう。何が当日審議されるかという予見の範囲

247

第6章 管理組合の運営についてのトラブル その2——総会の運営

を超えるような当日の修正は許されないということです。逆に、その予見の範囲を超えていなければ修正は可能であると解釈することになるでしょう。

それでは招集時に示されたのが「議案の要領」ではなく「議案」そのものであった場合はどうなるでしょうか。規約改正でいえば、改正議案の新旧改正箇所を全部記載した議案が招集と同時に配布されている場合が通常です。共用部分変更決議でいえば変更場所の図面、変更工事の施工図、仕様、工程表などが議案として示されている場合が多いでしょう。この場合は総会で修正はできないのでしょうか。

私見では「議案」そのものでなく「議案の要領」を事前に示さなければならないと区分所有法が規定しているのですから、逆にいえば、「要領」の範囲を超える詳細部分については総会において修正できると思います。規約改正では、前記のとおりそのようなことが認められる範囲は少ないでしょう。しかし、共用部分の変更でいえば、変更場所の位置、仕様等の重要部分は修正できないとしても、軽微な仕様や施工の小規模の修正などは「議案の要領」の範囲には含まれず、当日の修正は可能です。

特別決議の中でも「議案の要領」を示す必要がない議題（管理組合の法人化、共同の利益に反する行為をした者に対する専有部分使用禁止請求等）については、「議題」＝「議案の要領」であるためあらかじめ「議案の要領」を示す必要がないものと説明されています。これらの場合は、総会当日の修正は「議題」の範囲も超えることにもなってしまいますから、認められないと思います。

248

Q66 動議が出た場合、委任状・議決権行使書はどのように取り扱われるか

Q66 動議が出た場合、委任状・議決権行使書はどのように取り扱われるか

管理組合総会で原案修正の動議が提出されました。この場合、すでに提出された委任状や議決権行使書はどのように取り扱うのですか。また、議長不信任の動議が提出された場合はどうですか。

▶▶▶ Point

① 議事進行についての動議については委任状の記載内容によります

② 議事進行についての動議については議決権行使書は賛否には算入しません

③ 修正動議については委任状所持者の意思で賛否いずれも行使できます

④ 修正動議については議決権行使書の賛否により扱いが異なります。「賛成」と記載されている者は修正動議に対し反対と、「反対」と記載されている者は修正動議に対し棄権として、算定するのが一般的です

1 問題の所在

動議についてはQ64に記載したとおり、議事進行についての動議と、議事内容にかかわる修正動議に分かれます。このうち、修正動議等の議事内容にかかわる動議については、区分所有法37条との関係であらかじめ招集の際に示された「会議の目的たる事項」との関係で問題が生じうることはQ65に述べました。それでは、動議が出された場合、委任状や議決権行使書の扱いはどうなるでしょうか。

2 議事進行に関する動議

議事進行に関する動議は総会に出席している者によって採決を行います

249

が、委任状については、この議事進行に関する動議についても委任事項に含まれると考えられる委任状の所持者には、動議に対する議決権の行使を認めてよいと思います。たとえば「本総会に関する一切の件」などと記載された委任状があれば、その所持者は議事進行に関する動議の採決に参加することができます。また、委任状を所持していない場合でも、Q58で述べたように、代理人が家族などで包括的な代理を受けていると考えられる場合は同様です。

　これに対し、議決権行使書については、議事進行に関する動議については、提出者の意思を推測することはそもそも不可能ですので、その数を算入することはできません。

3 修正動議

　修正動議に対する委任状の取扱いは、最終的には「委任状の記載に従う」という結論になるでしょうが、多くのケースでは委任状には修正動議が出た場合の対応についてまで記載がないことが多いでしょうから、結局委任状を所持する各代理人の判断で各動議について判断して対応することとなります。議長や理事長に対する委任状であれば代理人である議長や理事長が、区分所有者Aに対する委任状であれば代理人であるAがそれぞれ動議について対応することとなります。家族が出席している場合も同様でしょう。

　これに対して、議決権行使書の場合は、各議案に対する賛成・反対が明示されており、代理人が議決権を行使する委任状の場合とは異なり、区分所有者本人が書面で議決権を行使するという制度ですから、その議決権の行使の内容（賛成あるいは反対）は確定的なものです。修正動議が出たからといってこれを勝手に変えることはできません。したがって、議案に対する賛成の議決権行使書が提出されている場合については、その者の議決権は修正動議については反対であるものとして取り扱うべきでしょう。議案に対する反対の議決権行使書が提出されている場合についてはどうでしょうか。修正動議の内容にもよりますが、たとえば管理費の2割増額の原案に対して管理費1割

増額の修正動議が出された場合において、議決権行使書提出者は１割なら賛成するのか１割でも反対なのかは議決権行使書から判別できません。したがって、この議決権行使書は修正動議に対しては棄権の扱いとすべきでしょう。なお、棄権は賛成にカウントしないという意味からは、実際には修正動議に反対するのと同様の結果とはなりますが、それはやむを得ません。

4 事前に議案が明確でない場合

なお、区分所有法では会社法などの規定とは異なり、普通決議事項については、総会招集時には「会議の目的たる事項」すなわち「議題」だけを示せばよいこととなっています。したがって、議案が確定しないまま総会が招集されていることも全くあり得ないことではありません。

その場合、議決権行使書に「議案」に「賛成」・「反対」と記載されていたとしても、それが何を意味するのかが不明瞭だともいえます。この場合は、一般的には総会招集者が提示した議案に対する賛成・反対を記載したものと考えてよい、と思います。

ただ、このような疑義が生じないためには、総会招集時に招集状とともに議案を配付することを励行すべきでしょう。

第6章 管理組合の運営についてのトラブル その2——総会の運営

 総会の現場で反対票多数の場合、議長等は白紙委任状を反対票として投じてよいか

> (1) 総会への実際の出席者は少なく、事前に集まった委任状と書面議決書でほとんどの議案が可決されてしまいます。当日の参加者から、これでは会議をやる意味はないという批判が出て、議長宛ての委任状を当日の参加者の賛否の多いほうに行使すべきだという意見が出ました。この扱いは適法ですか。
>
> (2) このような扱いをすべきことを規約で決めることはできますか。

▶▶▶ Point
① 白紙委任状の意義
② 白紙委任状は所持者の判断で行使することができます
③ 白紙委任状提出者の意思に反する行為をすると委任契約違反となり得ます
④ 白紙委任状の行使方法について規約で定めることもできます

1 白紙委任状とは——問題の所在

委任状は、誰が代理人であるのかや委任の範囲を証する書面です。総会における議決権の代理人による行使は規約で制約することはできませんが、代理人の範囲を同居の親族や他の区分所有者等に制限することができることはすでに述べました（Q58）。

また、委任状は理事会が集めるもののみならず、区分所有者が集め行使してもかまいません。対立する議案の場合は、理事会と反対者がそれぞれ委任状集めを競い合うこともよくみられます。この際、委任状の用紙については特に制限はありません。

Q67 総会の現場で反対票多数の場合、議長等は白紙委任状を反対票として投じてよいか

　問題は、総会への現実の出席率が低い場合、多くの議案が議長宛ての委任状および議決権行使書の数で、ほぼ事前に決まってしまうケースが多いということです。

　委任状は「誰に」委任するかを記載して提出するのが原則ですが、委任を受ける者の記載がなく、また賛否の記載もない委任状を「白紙委任状」といいます。多くのマンションでは、誰に委任するのかの記載がない場合は議長に委任するとの記載のある委任状を配付していることが多いと思いますが、これも「白紙委任状」と一般にいわれます。

　実際には、規約等で議長は理事長が務めることとなっている場合が多く（法41、標準42Ⅴ）、議長は議案に賛成の方向に委任状を行使することがほとんどでしょう。現実問題として、対立議案においては、理事会のほうが委任状集めにおいては有利な立場にあります。

　このような総会のあり方は問題であるとして、標準管理規約コメントでは、なるべく賛否の記載がある議決権行使書を使用することが望ましいとしています（コメント46⑥）。

2　委任状をどのように行使するかは基本的に自由である

　それでは、白紙委任状を当日の議論の多数を占める方向に行使するということは可能でしょうか。

　これは、それによる総会の議決の効力の問題と、委任状提出者と代理人間の問題に分けて考えることが必要です。

　すでに述べたとおり、委任状をどのように行使するか、賛成に行使するか、反対に行使するかは、委任状を所持する者（代理人）が決めることができます。したがって、白紙委任状を所持する議長がこれを賛成に行使すること自体は議決の有効性に影響ありません。逆に、これを当日の議論の結果に従って、たとえば反対、あるいは修正動議賛成として行使することも同様ということとなるでしょう。

253

第6章 管理組合の運営についてのトラブル その2——総会の運営

　これに対して、委任状は理事会が議案を配付したことに応じて提出されているのであり、特に理事長が議長を務めるとされている場合は、白紙委任状提出者の意見は、通常は議案に賛成の意見であると考えられるという見解もあります。

　ただし、私見では必ずしもそのように断言することはできないと考えています。議長を理事長が務める場合はそのような意思の人も多いとは思いますが、議長への委任は「当日の議論に委ねます」という意思の人もいます。委任状の記載から特に委任者の意思をうかがうことができない以上は、代理人は自らの意思で議決権を行使できるのが原則で、代理人が結果的に提出者と意思に反する行動をとったからといって、管理組合との関係では決議が無効となったりすることはないと考えます。

3 委任状提出者と代理人の関係

　管理組合としては、白紙委任状の効力は上記のとおりと考えてよいと思いますが、委任状提出者と代理人の関係については別の問題が発生することになります。賛成ないし反対することについて個別に委託されている場合は、その委託の趣旨に反して白紙委任状を行使すると、委託を「裏切った」ということとなり、個別の委任契約違反になることがありうるので、ご注意ください。このように理事長が議長となる場合には、反対票として委任状を行使することは、実際問題困難ではあります。

4 規約で白紙委任状の行使方法を決めた場合

　規約で白紙委任状の行使方法について、たとえば「当日の現実の参加者の多数に従って行使する」との規定をした場合はどうでしょうか。規約で定められているときは、当日の総会現場での多数に従って行使されるということがあらかじめ示されていることとなりますので、提出者の意思も同様のものであるとみなしてよいと思います。

254

Q 67　総会の現場で反対票多数の場合、議長等は白紙委任状を反対票として投じてよいか

　もし、総会現場での多数に従って委任状を行使されることを希望しないときは、白紙委任状ではなく、「誰に」と代理人を明確にした委任状を提出すればよいからです。

5　委任状に賛成・反対が明記されている場合

　なお、委任状に各議案に対する反対・賛成が明記されているような場合には、委任状の所持者もその委任の内容に拘束されます。委任状提出者が与えた代理権と異なる意思を表示した場合、委任状の委任の範囲を超えていることが委任状の記載から明確ですから、その場合は議決権行使は無権代理（民法113）となりますので無効票となると考えられます。

255

第6章 管理組合の運営についてのトラブル その2──総会の運営

Q68 理事会内少数派の役員は、総会で議案に反対することは許されるか

　自主管理であった管理方式を全面委託管理に変更し、それに伴って管理費を値上げすることを決める臨時総会を理事会が招集することとなりました。私は議案に反対で、理事会では反対しましたが多数決で決まってしまいました。理事長からは、「あなたは理事である以上は総会でこの議案に反対することはできない」と言われましたが、本当にそうなのでしょうか。

▶▶▶ Point

① 　理事会決定は必ずしも理事の総会での個別の投票行為を拘束しません

② 　ただし、理事会決定が存在することを踏まえた自制した行動が求められます

1 問題の所在

　総会に提出する議案の決定は理事会で行うとされている規約（標準54Ⅰ①～④）、および臨時総会の招集には理事会の議決が必要とされている規約が多いと思います（標準42Ⅳ）。

　総会に提出する議案に反対の理事等がいた場合、その役員は理事会で反対することとなるでしょうが、反対意見が少数であった場合は、理事会では議案としては決定され、総会が招集されます。この場合、総会における討論や採決で、反対派の理事は理事会の決定した議案に反対することはできるでしょうか。

256

2 理事会内反対派は総会で反対投票できるか

理事は、管理組合総会で選任され、管理組合との関係で委任関係に立ちますから、善管注意義務や忠実義務を負うことは明らかです（民法644、標準37）。したがって、管理組合の機関である理事会が決定したことに対しては拘束されるという考え方もあろうかと思います。たとえ理事会決定に反対であろうと、理事会が議案を決定しているのですから、いったん決定された以上はその立場で行動するべきであるという考え方です。

しかし、必ずしもその考え方に立つ必要はないでしょう。これは管理組合という団体の性格によると考えられます。

他の団体の例としては、たとえば内閣は国会に対して連帯責任を負っており、政治的に閣内不統一があることは許されませんが、これは議員内閣制という制度に起因することです。また、たとえば労働組合においては、役員が機関決定に反して行動することは、場合によっては統制処分の対象となることがあり得ますが、これは労働者の地位向上のため対使用者との関係で団結する必要性があるからです。

これに対し、管理組合は自らの所有する建物の共用部分等財産の管理を主たる目的として結成された団体です。このため、議決権も規約で別途定めがない限りは、原則は共有持分に応じて有すると定められています（法38・14）。このように、財産管理を目的とする以上は、個々の区分所有者がたとえ役員に選任されていたとしても、総会において自らの利害判断に従って行動することが許されないとは考えにくいと思います。

また、理事は善管注意義務や誠実義務を負っていることは前記のとおりですが、理事は一般的に理事会を構成することにより理事長や各理事の適正な職務の遂行を相互に監視する役割があります。仮に理事会の多数が妥当でない行動や提案を行おうとしている際、それを是正する行動を起こすことは理事の当然の責務であり、そのような立場で行動することが管理組合全体のた

第6章 管理組合の運営についてのトラブル　その2──総会の運営

めになるとも考えられます。

　こう考えますと、一般的に理事会で決定されたからといって、これに対する反対行動を総会において一切取り得ないとは考えられません。理事会の決定は、あくまで理事会が議案を決定して総会に提出すること、および臨時総会を招集することの範囲であると考えるべきであり、決定によって理事の総会での投票行動や発言までが制約されることとはならないと考えられます。

　ただし、いったん理事会で決定されていることは事実ですから、これに対して大きな理由もなく総会において理事会決定を非難したりすることが不適切な場合も多く、理事である以上は節度をもって発言・行動すべきことには変わりありません。

　また、反対派に属する理事は、総会で自ら中心となって反対の論陣を張ることは避け、発言は反対派の別の人に譲ったほうが妥当な場合も多くあるでしょう。今後反対派として理事に引き続き選任されることを希望する場合、かかる妥協も時には必要ではないでしょうか。

258

第7章

管理組合の運営
についてのトラブル
その3——理事会・役員

Condominium Management Association

第7章 管理組合の運営についてのトラブル その3——理事会・役員

Q69 役員の輪番制とは何か。どのように運用すべきか

　役員の輪番制とはどのような制度ですか。これを定める意味やその効果についてはどう考えますか。

▶▶▶ Point

① 輪番制は役員のなり手の確保のためには意義があります

② ただし、規約等規定上の根拠がなければあくまで慣例であり、多くのマンションで行われているものはそれにあたります

③ 役員選考規定を設ける場合は、輪番制による者以外に立候補の自由を確保し、定数オーバーの場合は総会席上で選挙を行うべきです

1 役員の輪番制

　管理組合の理事、監事等の役員の選出方法は、規約に基づいて定めることとなります。役員のなり手が少ないこともあり、役員の負担を各戸平等に負い、また多くの区分所有者が管理組合の管理に参加し経験も積んでいく、という趣旨から、「輪番制」を採用しているマンションが多くみられます。この輪番制は、うまく機能すれば意義があるものです。

　ただ、「輪番制」といってもさまざまなパターンがあります。多くの場合は、各階や各階段ごと、団地では各棟ごとに選出単位を分け、その中で役員を順序に従って選出することとしている形が多いと思います。不在住戸や賃貸住戸がある場合は、その住戸を役員選任の順番から飛ばしているところも多いと思いますが、これも各マンションにおいてやり方はまちまちです。規約で役員就任要件を「現に居住する者」に限定しているかどうか（平成23年改正前の標準35Ⅱ参照）によっても、異なった運用がなされているようです。

260

Q69 役員の輪番制とは何か。どのように運用すべきか

2 規定上根拠のない輪番制

他方で、規約やその他の規定、総会決議で「輪番制」の根拠を明確にしているマンションはそれほど多くありません。多くのマンションでは、役員の選出については総会で選出するというだけの規約となっていることが多く、その他規定や総会決議があるわけではないケースが多いと思います（標準35Ⅱ）。

規定上何らかの「輪番制」に関する根拠がない場合は、実際に行われている輪番制は、事実上の慣例として行われているにすぎず、法的拘束力はありません。

3 規定上根拠のある輪番制

このことから、この「輪番制」について何らかの拘束力がある規定にすることが必要であるということで、各マンションで工夫した規定がなされていることもあります。

ただし、結局「輪番制」といっても、よく考えてみると、各戸の事情（家族構成、家族の年齢、病気、介護、転勤、職業、遠距離通勤、勤務時間、賃貸住戸か、その他）などによって、機械的に役員に就任してもらっても、結局ほとんど管理に参加できず、あるいは加重な負担を負わせることとなる場合も考えられます。他方で、役員をやりたくないと考えれば、さまざまな理由を付けて役員を飛ばすことが認められるということでは「輪番制」の意義がありません。それについて詳細な制度を作ることは所詮は無理な話で、仮に細かく規定を作れたとしても、あまりに弾力性に欠けることになってしまいます。辞退申出の可否について公平に判断することなどは困難なことです

また「輪番制」のもとでは、管理組合役員に不適格な人でも、順番であれば役員就任を認めざるを得ないということになってしまいます。もちろん、破産者や暴力団員等の役員就任資格を奪うことは可能でしょうが（標準36の

261

２）、不適任かどうかはそのような形式的な判断だけで行えるものではなく、多くの人が「あの人は役員になっては困る」と考える人がいても、「輪番」で役員に就任してしまうこととなります。

　したがって、私見では、輪番制については、規約等で規定するより慣例として運営することを積み重ね、辞退についても弾力的に運用したほうがよいと思っています。慣例であったほうが人々は従いやすいということもあります。

4　規定の例

　といっても、規定上きちんと決めたほうが候補者を確保できる、と考えるマンションの場合は、役員選考規定を作ることになります。その場合、次の各点を踏まえて作成すればよいのではないかと考えています。

①　役員はあくまで総会で選出するものとの原則を維持すること

②　選考規定はあくまで役員選考についての基本的な考え方（たとえば輪番制）をうたい、役員自体を決定してしまうのではなく候補者をどのように選出するかを決める手続として定めること

③　輪番制を定める場合は、選出単位、選出順序、辞退を認めるおおむねの理由を定めること。詳細すぎる規定は作らないこと

④　立候補を認める可能性を残すこと

⑤　輪番や立候補で上がってきた候補者につき、理事会が総会議案として総会にかけることを決定すること

⑥　候補者多数で調整がつかない場合は、明らかな不適格者や辞退の意思が固い者を除き、総会には定数オーバーのまま提案して総会席上で選挙を行う旨の議案として提出すること

⑦　定数オーバーの場合、選任議案においては「総会席上での選挙結果による」と明記し、そのうえで議決権行使書の賛否をとること

⑧　総会席上でも、理事会議案に含まれない者について立候補を認め、定

数オーバーの場合は選挙を行うこと（なお、役員の選挙についてはQ61を参照してください）。

コラム⑨ 「輪番制」のもとで役員就任義務が認められるか

「輪番制」の場合、その番となった人が役員に就任することは法的な義務とまでいえるのでしょうか。

本文に記載しましたように、規約などに何らかの「輪番制」についての根拠が全くない場合は、実際に行われている「輪番制」は、事実上の慣例として行われているにすぎず、法的拘束力まではないということとなりましょう。

それでは規約などで「輪番制」が定められている場合はどうでしょうか。しかし、役員就任とは、管理組合との間での委任契約の締結（民法643）に相当しますから、総会で選任されたとしても、役員就任を受諾しなければならないということには必ずしもなりません。「私は就任しない」あるいは「できない」という辞退者が出ることは法的にはやむを得ないことなのです。役員に就任した後であっても辞任することも可能なのです（民法651）。

さらに、規約などで役員就任義務を別途定めたらどうでしょうか。これを法の原則に対する特約のような形で考えることができるのでしょうか。しかし、契約は相互に意思が合致しない以上は成立しないのが民法の大原則ですから、規約などで例外を定めることは難しいと思います。契約の締結を強制するには別に法律に基づく根拠が必要だと考えられるからです。

このように、役員就任義務までは法的には認められないと思います。しかし、実際には多くのマンションで「輪番制」によって役員が選任されています。権利とか義務とかいう前に、自分たちのマンションの管理を進めるためには、区分所有者が力を出し合うことが、まずもって必要でしょう。

第7章 管理組合の運営についてのトラブル その3——理事会・役員

Q70 輪番制であるにもかかわらず、特定の者を役員に選任しないことは許されるか

マンション理事をしています。次期役員を決める時期が近づいてきました。当マンションでは役員輪番制をとって、各階（約10戸）から1名ずつ順番に総会で選任する慣例となっています。ところが、私の次の順番の方は、ごみを部屋やバルコニーに放置したり、それを注意しに行った理事長に暴言を吐いたりするなど問題のある方です。この方を輪番から飛ばしてもよいのでしょうか。飛ばしたら何か言われたりしないでしょうか。

▶▶▶ Point
① 慣例に従わない役員選任も無効ではありません
② 明らかにマンションの秩序を乱す行為を繰り返す者は役員に選任すべきではありません
③ ただし、差別的運用や少数派排除のために慣例を破ると問題になることがあります

1 慣例に従わない選任の効力

そもそも輪番制についてきちんと拘束力のある規定が定められているかが前提ですが、この点はQ69を参照してください。本設問では、輪番制は「慣例」ということですから、規約上の根拠はない事例のようです。

その場合はあくまで「慣例」ですから法的な拘束力はありません。もちろん、慣例であったとしても、そのマンションで事実たる慣習（民法92）である場合は、法的な根拠がありうることではありますが、このような慣習は公の秩序に反することはできません。

264

Q70 輪番制であるにもかかわらず、特定の者を役員に選任しないことは許されるか

　マンションにおいて誰を役員に選任するかは基本的に規約によって定められ（法25・30等）、この選任は、ひいては共有者間の意思決定の方法を定める民法の特別法としての区分所有法の定めによるのですから、公の秩序に属する問題であります。したがって、総会において役員を選任する（標準35Ⅱ）ことが定められている以上は、その選任において慣例と異なる決議がされたとしても、その決議が無効となったりすることはありません。あくまで総会が管理組合の最高意思決定機関である以上は、慣例に拘束されることは必ずしもないからです。

　そうすると、いくら慣例があったとしても、その定めに従わずに、ある区分所有者を飛ばして選任することは総会の決定事項です。また、理事候補者を誰にするという議案を、理事会が提出することも理事会の決定事項です。

　ごみの放置行為や暴言などの行為を繰り返しているなど明らかに問題のある方で、多くの人が役員としての適格性がないものと考えている場合は、その方について役員に選任しないという決定をすることは何ら問題ありません。むしろ、「輪番制」の慣例に従ってそのような方を役員に選任すること自体が、マンションの管理を危うくするものになりかねません。

　本設問の場合は、この方を選任すべきではなく、別の方を選任すべきであると考えます。

2　選任しないことが不法行為になることもケースによってはありうる

　しかし、このような選任行為を、「村八分」や「いじめ」「差別」のように運用してはならないことはいうまでもありません。たとえば、特定の宗教、特定の病気、特定の考え方、あるいは性別などによって、輪番からはずすなどの行為を行うと、その他の行為と相まって、管理組合の行為が不法行為となる可能性も皆無ではありません。

　輪番制に従って選任を行わない場合は、あらかじめその区分所有者の具体

265

第7章 管理組合の運営についてのトラブル　その3——理事会・役員

的行為が問題であり、理事には不適任であることを明確にしておくほうがよろしいかと思います。たとえば、ごみの放置や暴言などについてはきちんと記録するのみならず、場合によっては規約違反であるとして警告を、あるいは「共同の利益に反する行為」にあたるものとして差止請求を行うなど、管理組合としてこれら行為を許さないことを明確にしておいたほうがよいと思います。

　本設問のようなケースのみならず、管理費の長期未納者、過去に総会等において暴言を吐いたり他人の発言を妨げる等の行為を行った者、人のプライバシーにみだりに介入し悪口を述べることを繰り返す者、不必要なクレームばかり言う者、粗暴な行為が目立つ者など、およそ役員には不適格な人は存在するでしょう。ただ、そのような行動をしたことが、きちんと客観的に裏づけられないと、逆にその人に対する「いじめ」「差別」といわれかねません。慣例どおりに選任しない以上は、選任できない理由をきちんと記録しておきましょう。

　また、少数派としていろいろ意見を言う人に対し、現執行部が煙たがってしまい、次期役員選任を提案しないということがあるとすると、それは大きな問題です。少数意見・反対意見で現執行部には耳が痛い話であっても、理がある意見である場合も多くあります。この点に配慮がないと、結局慣例を破ったなどともめてしまいます。総会でその方が役員に立候補して不当性を訴えるという事態にもなりかねず、いたずらに混乱を招きます。このような場合は、その方には積極的に執行部に入っていただき、少数意見、反対意見が正しいかも含めて検証したほうが建設的です。

266

Q71　役員に定年制や任期制限を設けることはできるか

Q71 役員に定年制や任期制限を設けることはできるか

　　理事が年配者ばかりになってしまい、また5年以上やっている人が大多数です。理事長は10年近くやっています。これではよくないということで、理事に定年制を設けたらどうかという意見が出てきましたが、これは適法ですか。また理事は何期か以上連続して再任はできないという制度はどうですか。

▶▶▶ Point
①　マンションにおける理事定年制は合理性がないと考えられます
②　一定以上の再任を制限する規定は合理性はあると考えられます

1 理事等の選任についての法や規約の規定

　区分所有法においては、そもそも理事等役員については年齢制限もなく、また再任についても何らの制限もありません。

　管理組合法人における理事・監事、法人ではない管理組合における管理者の選任は、規約に別段の定めのない限りは総会の決議において行うこととなっています（法25Ⅰ・49Ⅷ・50Ⅳ）。したがって、規約においてその選任方法を定めることができます。法人でない管理組合においては、理事、監事は規約に基づく機関ですから、その選任については規約で決めることとなります。標準管理規約では、理事、監事は総会によって、理事長（標準38Ⅱによって管理者となります）は理事会決議によって選任されることとなっていますが、この役員選出方法については、各マンションの規約によってこれを定めることできます。標準管理規約では再任は妨げないとしています。

267

第7章 管理組合の運営についてのトラブル その3──理事会・役員

② 理事等の定年制

そもそも定年制とは、ある年齢以上の者については特定の職業、地位に就くことができないことを指します。たとえば、雇用契約では、現在でも60歳定年制を定める企業が多いわけですが、これが認められているのは、高齢によって人の能力が低下するといわれてきたこと、あるいは日本の雇用慣行において年功的処遇がなされていることなどが理由とされています。他方で、定年制は年齢による退職を当然に認めるもので、合理性がない場合は違法とされる可能性もあります。高齢社会の中で、定年を規定するとしても65歳とすることが企業の義務として定められており、これを導入しない場合でも雇用関係を65歳まで継続する措置を講じることが義務とされています（高年齢者等の雇用の安定等に関する法律）。

それでは、定年制を、マンションの理事等役員について定めることは認められるでしょうか。私見では、多くの場合は制度としては合理性がなく、認められない場合が多いと思います。

現在、会社を定年退職したシニア世代の皆さんが地域で自治会活動やボランティア等の諸活動に参加しています。これらシニア世代の力がなければ現実問題として地域のコミュニティ活動は機能していきません。管理組合においても同様です。シニア世代の方がそれまでの社会経験を活かして、管理組合において力を発揮していただくことが必要です。これらの人々を年齢の一点からだけで、管理から排除することは不合理だと思います。役員として能力が落ちてしまうということもなく、また企業のように年功序列賃金体系のもと「後進に道を譲る」必要性などもありません。適任かどうかはまさにその人の適性、能力によるという以上の判断基準はありません。

高齢者が多くて若者が活動に入っていきにくいということなら、定年制を設けるより、理事等役員の選任において「老壮若」の組合せを考えるように配慮するほかはないでしょう。また、これはマンション区分所有者の各世代

の構成にもよることです。これらの課題は、規約で定年制を設けることで解決するとは思えません。かえって、現在中心になって活動している役員を引退気分にさせてしまうだけではないでしょうか。

いずれしても、定年制に合理性が認められる可能性は少ないと思います。

3 理事等役員の任期制限

これに対して、理事等役員の再任を「○期まで」と制限する規定については、検討の余地はあると思います。

再任制限の趣旨は、特定の人が理事等役員を継続することによって、その特定の人に管理組合の活動や負担が集中したり、あるいは活動がマンネリ化したりすることを防ぐ趣旨です。実際問題、特定の人だけに執行権が長期にわたって帰属すると、特定の人だけが管理の意思決定に参加することによって、腐敗が発生したりすることもありうることではあります。

他方、あまりに短い再任制限期間を定めると経験の蓄積を図ることができません。もちろん、委託管理か自主管理かなどマンションの管理の形態にもよるでしょうが、管理業務は継続的なものであり、再任制限を設けるとしてもあまり短く設定するべきではありません。

私見では、連続5期程度を上限とする再任制限を設けること自体は、問題ないと考えています。もちろん規約改正が前提ですので、よく話し合ってください。

いずれにしても、理事等役員のなり手が少なくなっている原因が何か、単なる多選・高齢化が問題なのか、もう少し分析する必要があると思います。むしろ、管理組合の活動内容を見直すことが前提にあるのではないでしょうか。それなしに定年制や再任制限などを導入しても、理事等役員の新たななり手が生まれてくることはありません。

なお、標準管理規約の平成28年改正では、外部専門家が、管理者や場合によっては理事長を担うしくみも提案しています。

269

第7章 管理組合の運営についてのトラブル その3──理事会・役員

Q72 役員ではない者が理事会を傍聴できるか

当マンションでは、残念ながら、理事会と一部の組合員による対立があり、組合員から、理事会の傍聴を許可するよう求められています。この場合、傍聴を許可しなければならないでしょうか。なお、当マンションの規約等には、理事会の傍聴に関する明文規定はありません。

▶▶▶ Point

① センシティブ情報を取り扱う理事会は非公開が原則です

② 傍聴を認める場合にはそのルールを規約等で明文化すべきです

1 理事会はセンシティブ情報を取り扱う

一般的な管理組合においては、規約において、最高意思決定機関である総会のほかに、業務執行機関として理事会を置いています。そして、理事会では、組合員や居住者のプライバシーに深くかかわる事項を取り扱うことが避けられません。たとえば、管理費等の滞納の問題1つとっても、滞納者の家族構成や勤務先、さらには滞納管理費等以外の負債の状況等を把握したうえで対策を検討していく必要がありますが、これらの情報は、滞納者のプライバシーそのものであり、その取扱いに十分に注意すべきセンシティブ情報といえます（センシティブ情報については、コラム⑩参照）。また、今後多くのマンションにおいては、災害時の避難計画等の策定にあたり、自力での避難の可否を判断するための情報として、組合員や居住者の健康状態（寝たきりか否かなど）をも把握するという動きが出てくると思われますが、このような健康状態に関する情報もまた、センシティブ情報といえます。

270

2 理事会は非公開が原則

理事会がこのようなセンシティブ情報を扱う機関である以上、理事会に、総会において組合員から負託を受けた役員およびかかる役員が特に必要と認めた者（管理会社の従業員、工事業者、顧問弁護士やマンション管理士など）以外の者が出席することは、弊害が大きく、制度上予定されていないといえます。そして、この点は、組合員が、理事会での発言権のない、単なる傍聴という形式で出席する場合であっても異ならないでしょう。

他方、理事会での審議については、その議事録の公開や閲覧、さらには、審議事項が総会に上程された場合の総会での質疑応答等によっても、組合員が適切に監視することは可能といえます。

よって、規約等に別段の定めがない限り、理事会は、原則として非公開であると考えるべきでしょう。

3 傍聴を認めるのであればルールの明文化は不可欠

とはいえ、管理組合によっては、そもそも組合員数が絶対的に少ないため、理事会を非公開としなければならない必要性に乏しい場合もあるでしょう。また、情報公開を徹底するとの見地に立ち、原則として傍聴を認めたうえで、センシティブ情報を討議する場合には退席を求めるなど、条件付きで傍聴を認めたいという管理組合もあるかもしれません。

その場合に忘れてはならないことは、そもそも他人のセンシティブ情報を取得してこれを共有するという行為は、その必要性があり、かつ、その方法・態様に相当性が認められる限度においてのみ、当該他人との関係で許容されるという大原則です。

よって、仮に、理事会の傍聴を認めるのであれば、傍聴人の人数等の規制やメモ・録音等の可否、傍聴人の守秘義務や議長による退席命令の有無などに関して、詳細かつ明文化されたルールを、理事会傍聴細則などの名称を付

第7章 管理組合の運営についてのトラブル　その3——理事会・役員

して、あらかじめ定めておくことが不可欠であると考えます。

　なお、公益財団法人マンション管理センターが「理事会運営細則モデル」を作成・公表しており、傍聴等についての規定はありませんが、役員や理事会出席者の守秘義務についての規定などがあり、参考になります。

コラム⑩　センシティブ情報の取扱い

　個人情報保護の社会的要請に伴い、管理組合業務においても、各種情報の慎重な取扱いが求められています。もっとも、管理組合としてこれらの情報を全く取り扱ってはいけないということではなく、当該情報の重要性と、当該情報を取り扱う必要性や取扱いの程度とをきちんと相関的に考慮して対応することが重要です。

　たとえば、個人情報保護法は、本人の人種、信条、社会的身分、病歴、犯罪の経歴、犯罪により害を被った事実その他本人に対する不当な差別、偏見その他の不利益が生じないようにその取扱いに特に配慮を要するものとして政令で定める記述等が含まれる個人情報を、「要配慮個人情報」として定義していますが（同法2Ⅲ、同法施行令2）、これに該当する情報については、相当に高度な必要性がない限り、これを取り扱うべきではありません。また、これに該当しない情報であっても、センシティブ情報（管理費等を滞納している事実など）を取り扱う場合には、要配慮個人情報に準じた慎重さが必要でしょう。さらに、一般的にはセンシティブ情報とまではいえないような情報、たとえば職業や家族構成などの情報も、プライバシー権の一内容として保護されると解されますから、安易にこれを開示するなどした場合には、違法であるとの評価を受ける可能性があります。

　管理組合の立場としては、「必要な情報を、必要な限度でのみ、慎重に取り扱う」ことが重要です。

Q73 理事会の議事を役員が独自に広報することは許されるか。役員の守秘義務をどのように考えるべきか

Q73 理事会の議事を役員が独自に広報することは許されるか。役員の守秘義務をどのように考えるべきか

　管理組合の理事をしているのですが、理事長を中心としたほとんどの理事が、大規模修繕工事に関して知識がなく、このままでは組合員に損失が生じてしまうと確信しています。理事会の議事録は、毎回全戸に配付されているのですが、議事録の内容自体が最小限の記載しかないことから、全く広報としての役割が果たされていません。そこで、私は、組合員の知る権利を擁護するため、インターネット上にブログを開設し、理事会の議事の内容を詳しく公開することを始めました。すると、理事会から、守秘義務違反にあたるので即時に公開をやめるよう求められました。私のやっていることは本当に守秘義務違反にあたるのでしょうか。

▶▶▶ Point

① 　理事は守秘義務を負っており、理事会の議事の内容もその対象に含まれます

② 　理事会の議事の内容の開示は原則として守秘義務違反に該当すると考えられます

1 理事は守秘義務を負っている

　管理組合における理事の立場は、総会において組合員の負託を受け、管理組合のために職務を全うすべきものですから、理事は、管理組合に対して、善管注意義務を負っていると考えられます。そして、かかる善管注意義務の一内容として、理事としての職務に基づき見聞した事柄をみだりに外部へ開示してはならないという守秘義務も負っていると考えられます。

273

第7章 管理組合の運営についてのトラブル その3——理事会・役員

2 理事会の議事は守秘義務の範囲内に含まれる

　理事会は、総会とは異なり、管理組合の構成員のうちのごく少数である理事が、管理組合にかかわるあらゆる問題を討議すべき機関ですから、その性質上、組合員の家族構成、経済状態および健康状態などのプライバシーに深くかかわる事柄（いわゆるセンシティブ情報（コラム⑩参照））についても、必要に応じて扱うことが避けられません（Q72も参照してください）。また、理事会では、管理組合運営を円滑に進めるために必要な情報、たとえば、「あの棟は、長老的な誰々さんに賛成してもらえれば、ほぼ全員が賛成してくれるだろう」といった、理事会外部への開示が適さない事項についても、ざっくばらんに議論する必要があります。よって、このような情報を取り扱う理事会の議事の内容についても、理事の守秘義務の範囲内に含まれると解されます。したがって、理事は、原則として、理事会の議事の内容について、理事会とは別個に、独自に組合員に対して開示することは許されないというべきです。

3 例外にあたるケースは少ない

　では、例外的に、理事による独自の「広報活動」が守秘義務違反にあたらない場合はあり得ないのでしょうか。

　この点、前述の理事会の性質に鑑みれば、理事会の議事の内容については、何を、どの程度、いかなる方法によって組合員に開示するかに関して、理事会に広範な裁量があり、その裁量の枠内で、理事の英知を出し合って、組織として決定すべきことと考えるべきです。よって、仮に例外が認められるとしても、それは、その議事の内容が法令や規約に違反するなど明白に組合員全体の利益を害するものである場合などに限られ、ケースとしては少ないと考えられます。

　本設問のケースでは、理事会の議事の内容が法令や規約に違反するなど明

274

Q73 理事会の議事を役員が独自に広報することは許されるか。役員の守秘義務をどのように考えるべきか

白に組合員全体の利益を害するものである場合にあたるとはいえないでしょう。また、最小限度の記載内容ではあっても、その議事録を全戸に配付しているのであって、これは、標準的な対応ということができます（マンション管理標準指針「一(二)2」）。よって、このケースにおいて、上記例外にあたると考えることはできないと考えられます。

　したがって、本設問のケースのような少数派理事の立場としては、①理事会で反対意見等の意見を述べ、それを議事録に記載するよう求めることや、②総会で守秘義務に違反しない程度で発言を行い、組合員の理解を得るよう努めることなどの、守秘義務に違反しない範囲内での対応について、知恵を絞る必要があるでしょう。

第 7 章　管理組合の運営についてのトラブル　その 3——理事会・役員

Q74 法人は役員となることができるか

当マンションでは会社が区分所有者である住戸が増えてきました。今までは、会社については「現住していない」という理由で管理組合役員からはずしていましたが、管理組合役員のなり手も少なく、また不平等なので、管理組合役員の要件から、「現住している」という要件をはずすことを検討しています。そうすると、会社が区分所有者の場合は会社自体が管理組合役員になれるのですか。会社の誰が理事会に出ることになるのでしょうか。

▶▶▶ Point

① 会社等の法人が管理組合役員になれるかどうかについては、法人化していない管理組合では認められる余地があります

② 会社等の法人を管理組合の役員とする場合は、会社等の法人の代表者が管理組合役員として行動するのが原則です

③ ②が困難な場合は会社等の法人の中の担当者個人を管理組合役員に選任すべきです

1 会社等法人が管理組合の役員になれるか

まず、一般的に、会社等の法人が別の法人の役員になることができるかという点は、従前の判例・通説はこれを否定しています（大判昭和 2 年 5 月19日）。また、一般法人法も否定しており（一般法人法65 I ①）、以上からは管理組合が法人の場合は、現行法上では否定すべきと考えるしかありません。

問題は法人化されていない管理組合についてですが、現状では会社等の法人を管理組合役員に選任している管理組合も一定程度みられます。「101号室

276

株式会社○○を理事に選任する」などとの選任決議もしばしばみられます。このような決議は無効なのでしょうか。

　管理組合について極力、管理組合法人あるいは法人一般に関する規定を類推適用して考えるべきとすれば、法人を役員に選任することは否定されることとなるでしょう。また、管理組合として機動的に意思決定を行うことの必要を考えれば、自然人ではない会社等の法人では意思決定を行う際には各種制約があり（法人によって意思決定の方法は異なっています）、管理組合役員となるのは適切ではないとも考えられます。また、会社等の法人が管理組合役員となった場合、その法人の代表者（会社であれば代表取締役）が必ず理事会等に出てくるというならばともかく、代表者でない者、たとえば他の代表権のない役員あるいは単なる従業員が毎回理事会に出席しているということとなると、理事会の議決がきちんとされているかという問題が別途発生してしまいます。これは理事の代理が認められるかという点と同様の論点です。

　しかし、現実には法人を役員として選任している管理組合も多くみられ、今後はさらに法人の区分所有者が増えてくるでしょう。また、平成28年の標準管理規約の改正では、管理組合の役員として専門家が関与することを認める方向としていますが（標準コメント全般関係、別添1「外部専門家の活用のパターン」）、ここからは必然的に専門家としての法人（弁護士法人・NPO法人や会社等の営利法人も含まれます）が役員となることが見通されることとなるでしょう。高度な規約自治の認められる管理組合において、法人が役員に選任されないと解釈することも一方的であって、今後議論が必要となってくる多様なマンション管理のあり方の検討の芽を摘むこととなりかねません。法人が役員となったのでは管理組合役員として機動的な意思決定ができないではないかという批判については、管理組合役員を務める法人の内部で代表者ないしは担当者への委任関係がきっちり行われていればよいわけですから、否定する理由にはなりません。

　私見では、争いはある点だとは思いますが、管理組合にあっては、規約に

第7章　管理組合の運営についてのトラブル　その3──理事会・役員

欠格事由がない限りは、会社等の法人を管理組合役員とする決議自体は無効と解すべきでないと考えています（同じような考え方をとった裁判例としては東京地判平成21年2月24日）。また、上記のとおり法令上制約のある管理組合法人についても、管理組合法人であるからこそ、今後立法的手当てがなされるべきと考えています。

② 会社等法人を管理組合役員に選任した場合

　ただし、法人が管理組合役員である場合において、代表者が管理組合役員として行動すべきとの立論も十分成り立つところです。少なくとも代表権のない法人役員や従業員が管理組合役員として入れ替わり立ち替わり理事会に出席するなどの事態は避けなければなりません。

　もし、そのような実態であるとするならば、実際に管理組合役員として行動する個人としての法人役員「Aさん」、あるいは法人従業員「Bさん」を管理組合役員として選任しておくことが、現行では好ましいといわざるを得ないでしょう。そのほうが、役員選任決議が無効であるなどと係争されるリスクは低減します。

　なお、標準管理規約でも以上を意識したのでしょう、法人自体は役員になることはできないとしながら、法人関係者が役員になる場合には管理組合役員の任務にあたることを当該法人の職務命令として受けた者等を選任することが一般的に想定されると述べています（コメント35）。しかし、この程度の規定では、現実問題として、平成28年改正の標準管理規約が進めるような外部専門家を役員として選任することなどは推進できません。

　また、既存の各マンションにおいては、すでに標準管理規約から削除された管理組合役員の「現に居住する組合員」との要件（平成23年改正前の標準35Ⅱ）が必要か否か、さらに法人である管理組合役員を認めるか、その場合の現実の理事会に出席する者をどう考えるかを議論し、創意工夫のある規約を各マンションで作っていく必要がありそうです。

278

Q75 理事会で決議できなかった議案を、理事長が総会に直接提案することができるか

Q75 理事会で決議できなかった議案を、理事長が総会に直接提案することができるか

> 管理費・修繕積立金の増額について理事会で議論が対立し、結局理事
> 会では採決できませんでした。しかし、理事長が独断で総会を招集し、
> 管理費等の増額の議案として提案しようとしています。このようなこと
> は許されるのですか。

▶▶▶ Point

① 規約の定めによりますが、招集できる場合があります

② 普通決議のうち予算・決算等通常総会で行うべき議案については個人提案の議案として審議できると考えられます

③ 手続違反については、軽微な瑕疵の場合、総会決議無効とはならない場合があります

1 問題の所在

　Q68にて述べたとおり、総会に提出する議案の決定は理事会で行うとされている規約や（標準54Ⅰ①～④）、また、臨時総会の招集には理事会の議決が必要とされている規約が多くあります（標準42Ⅳ）。

　このような規約がある場合、臨時総会の招集や総会の議案は理事会で決定することとなりますので、理事長の独断による議案の決定、臨時総会招集は手続違反です。

　これに対して、通常総会については、理事長は年1回の招集が義務づけられており（法34Ⅱ、標準42Ⅲ）、仮に理事会において議題（会議の目的たる事項）を決定することすらできなかった場合でも、理事長による招集は義務であって、これを避けることはできません。その際に会議の目的たる事項を定める

279

ことは理事長の権限でできると解されます。ただし、その事項は通常総会の場合は予算、決算、事業報告、事業計画、管理委託契約の締結、役員選任など通常総会で審議すべき事項、あるいは審議をしないと以降の管理組合の運営に支障が生じる事項に限られるでしょう。

2 議案が決定されていない会議において何が審議の対象となるのか

　ただし、この場合でも理事会としての議案の決定は結局できなかったわけですから、理事会として通常総会に議案を提出することはできません。

　このように議案が決まっていない場合においても、理事長が委任状や議決権行使書を集めてしまうことはやろうと思えばできます。もちろん、総会開催に反対する立場から裁判所に総会開催差止めの仮処分を提起することも一応可能でしょうが、総会期日までに裁判所の決定が出されることなどまず期待できません。そうすると、総会が強行されてしまうことは十分考えられるでしょう。理事長に対する賛成・反対の立場の違いによって対応は変わることとなりましょうが、私見では少なくとも総会に出席して議論を闘わしたほうが現実的だと思います。

　この場合、理事長が会議の目的たる事項（議題）の範囲内で議案を提案することは可能でしょうか。もちろん、理事会として提案することはできません。しかし、通常総会の場合は理事長に招集権限自体はあるのですから、理事長は個人として予算、決算等通常総会で審議すべき事項で普通決議で決定できるものについての議案を提案することは可能だと考えられます。

　Q59で述べたとおり、区分所有法上、普通決議に関しては招集の際議題（会議の目的たる事項）を示すことのみが要求されており、議案は当日議論をする際に提案しても法律上はよいわけです。そうすると、理事会として議案が決定できない場合でも、賛成派の理事・組合員や理事長が個人として議案を提案することは可能であり、これに対し反対派の理事・組合員が修正動議を

出して対抗することが可能になります。このようにして審議を行うことはでき、議決も可能だと考えられます。

　これに対し、前記の予算、決算等以外の議題で特段総会において急いで議決する必要がないもの（管理費の値上げや大規模修繕の決定など）については、それが総会の普通決議で足りる案件であっても、理事会決議も経ていない以上は、それを議題とする総会の招集はすべきではなく、したがって理事長個人としての議案の提出は認めるべきではありません。

　まして規約改正、共用部分の変更などの特別決議については招集と同時に「議案の要領」を提示することが必要ですから、当日審議すること自体許されません。

　また、臨時総会の場合は、理事会の決定がないままの総会の招集自体が手続違反ということとなりますから、その総会は開催されても無効ないし不存在となるという考え方もあるでしょう。

③ 違法な総会招集等について裁判所は総会決議の無効を認めるか

　以上のような事態は、規約に反することは明らかです。しかし、すべての場合に総会決議を無効とすることとなると、他方でマンションにおける法律関係を不安定にすることにもなります。具体的には、以降の予算の執行や管理費の徴収行為は違法となる可能性、また理事長選任が無効ならば以降の総会招集がすべて違法となってしまう可能性があります。

　裁判所はこれらを考慮のうえ、手続上の瑕疵が比較的軽微で、その瑕疵が決議の結果に影響を及ぼさないような場合には、総会決議は無効とまで判断しない傾向があります。たとえば、一部の区分所有者に総会招集通知が到達せず総会参加の機会が奪われてしまった事案においても、総会では60議決権中57議決権で総会決議（規約変更）が可決された事案では、裁判所は決議無効の主張を認めませんでした（東京地判昭和63年11月28日）。

第7章 管理組合の運営についてのトラブル その3——理事会・役員

　本件では、理事会決定がない場合でも、招集行為は理事長が行い総会が開催され、そこに区分所有者が参加し討議のうえ決議されたような場合、裁判所は総会決議の無効等を認めない可能性があります（東京地判平成22年8月27日。ただし、この判決は、理事会は区分所有法上必須の機関ではなく、総会準備のために議案を決定しているにすぎないことを理由としています）。

コラム⑪ 地震等災害の場合の理事長・理事会の権限

　大災害が続く中、緊急事態における意思決定についての特別の規定をおく必要も議論されるようになりました。

　震災等でマンションが大きな被害を受けた場合、多くの住民・区分所有者が避難し、総会を開くこともままなりません。阪神・淡路大震災後の平成7年に制定された被災マンション法では、マンション滅失の場合等の特別措置が規定され、東日本大震災後の平成25年にさらに規定が加わりましたが、これらは主として再築や敷地売却についての規定で、応急の修繕などはここには含まれません。

　管理組合の管理運営の多くは、各マンションの規約により規定されていますので、法律による一括の規定は困難です。そこで、国土交通省は、平成28年3月の標準管理規約の改正により、応急的な修繕についても次のような規定をおくことを提案しました。

・災害時の緊急時における必要な保存行為は、総会や理事会の議決を経なくても理事長が単独でできる（標準21Ⅵ）。

・また、保存行為を超える応急の修繕工事は、総会の開催が困難な場合、理事会の判断で行うが（標準54Ⅰ⑩）、理事会の開催も困難である場合に備え、これらを理事長等が一定の範囲で行えると定めることも考えられる（コメント21⑪）。

Q76 役員資格のない者が役員に選任されていた場合、どうなるか

Q76 役員資格のない者が役員に選任されていた場合、どうなるか

当マンション規約では役員の資格が区分所有者に限定されています。しかし、5年間務めている理事長Aが実は区分所有者ではなく、その住戸の所有者は長男Bであることがこのたび判明しました。これまでの総会決議は無効になってしまうのでしょうか。

▶▶▶ Point

① 原則は、資格のない役員を選任する決議は無効です

② しかし、すべての場合に過去の理事長の行為を無効と扱う必要はありません

③ 追認決議を行うことで過去の総会決議の瑕疵は治癒されます

1 原則は規約に基づき理事長選任は無効となる

区分所有法では、管理者の資格は特段制限はないのですが、規約では役員の資格を区分所有者に限定する例が多くあります（標準35Ⅱ）。ところが、専有部分の所有者まできちんと確認せず、輪番制（輪番制の意義についてはQ69参照）に従うなどして世帯主を役員に選任してしまったところ、実は家族所有だったという事態はよくあることです。

前提として、規約の定めに反した決議は一般論として無効ということとなります。この考え方によると、現在の理事長Aについては資格がないことが規約上明らかです。総会での選任決議は無効であると考えますので、理事長Aが理事会で選任されているとすると（標準35Ⅲ。なお平成28年の標準管理規約で「理事の互選」との定めが「理事会での選任」と改められましたが実質は大きな違いはありません）、Aを理事長に選任した理事会決議も無効ということと

283

なります。したがって、理事長は不在となりますので、標準管理規約では「理事長が欠けたとき」にあたり、副理事長が理事長の職務を行うこととなります。当面副理事長が理事長の職務を行うか、あるいは理事会で新たに理事の中から新理事長を選任することとなります。また、理事についてはＡが資格を喪失した分欠員が発生したこととなりますが、それを補充選任するかどうかは理事会の定足数や総会開催の必要性などとあわせて要検討です。なお、標準管理規約と異なる形の規約のマンションでは、その定めに従います。

2 歴代理事長の行為をすべて無効とする必要まではない

このように考えると、理事長Ａはさかのぼって資格がなかったこととなりますが、そうすると５年前にさかのぼって選任決議は無効ということとなってしまいますので、過去理事長Ａの行った行為はすべて無効で、その５年間招集された総会も理事会もすべて無権限者の招集した総会ということで無効となってしまうのですが、はたして結論はこれでよいのでしょうか。

対外的な行為、たとえば管理会社との契約、大規模修繕工事の発注、保険の契約などはいずれにしても有効と解しなければ、対外的な取引関係について管理組合理事長が代表者であることを信頼した第三者の保護が図られません。表見法理（民法110、一般法人法82）等の類推適用によって善意の第三者の保護は図られます。

次に、対内的な行為ですが、私見では、多くの場合は、毎回の総会における理事Ａの選任決議、さらに理事会の理事長Ａの選任の決議（ないし互選）は無効であったとしても、その他の議決事項についてまですべて無効と解する必要はないと考えます。各総会の議論にもよりましょうが、総会や理事会をＡが招集したということが仮に違法であったとしても、総会や理事会が行われ、そこでの決議が他の区分所有者ら、理事らの多数決によって行われていたとすれば、これをすべて無効と解して、これまでのマンションで形成されてきた秩序を崩壊させる必要はない場合が多いと思います。

284

③ マンション内で大きな対立がある場合

しかし、マンションが理事長Aグループとそれ以外のBグループに分かれ、深刻な対立が発生していたとなると話は別でしょう。典型的なのは、理事長Aによる総会招集とBグループによる対立する議題による総会招集がこれまで度々重畳し、これまでは理事長Aの招集による総会での多数決が有効と扱われていたような場合です。このような場合に、理事長Aの資格がなかったということが判明したというような事態だとすれば、過去にさかのぼって理事長A招集の総会自体を全部無効とせざるを得ないことも場合によってはあるでしょう。これらは実質論で結論が異なるように思われます。

④ 追認決議

区分所有者でない者が理事長となって招集した総会の決議を無効とする結論の裁判例もあるところです（東京地判平成18年1月30日）。これまでの積み重ねられてきた議論を無効とする必要はないと多勢の区分所有者が考えている場合においても、念のため法定の招集手続（管理者不在の場合であるとすると区分所有者および議決権の各5分の1以上を有する者による招集（法34Ⅴ））をとったうえで総会を開催して、これまでの総会の決議を追認する決議を行うことによって後日の混乱を避けることができるでしょう。

┌─ コラム⑫ 理事長の解任 ─

　理事長を解任する場合は総会で決議するのでしょうか。理事会で決議するのでしょうか。これは各規約の定めによるといわざるを得ません。ただし、原則として理事長がどの会議で選任されているかどうかに応じて、どの会議で解任することとなるのかが決まるといってよいでしょう。

　標準管理規約の場合、理事長の選任は次のように定められています。まず理事を総会で選出します（標準35Ⅱ）。次いで理事会で理事長を選出します（標

第7章 管理組合の運営についてのトラブル その3——理事会・役員

準35Ⅲ）。このような規約の場合は、理事会において理事長を解任することができるといえます。さらに、総会において役員解任が議決事項にあげられていますので、総会において直接解任することも可能であると解されます（標準48⑬）。

なお、このような標準管理規約型と同様の規約の場合において、理事長の解任手続が争われた裁判では、最高裁判所は、理事会では解任できないと判断した高等裁判所の判決の考え方を否定し、理事会で解任することは可能であると判断しました（最判平成29年12月18日）。当然の判断だと思います。

ただし、理事長を理事会で解任することが可能であるとしても、理事自体の職を解任することは、特別の規定がない限りはできません。あらためて解任を議題とする総会を招集する必要があります。

286

Q77 役員に報酬を支払う場合、源泉徴収しなければならないか

Q77 役員に報酬を支払う場合、源泉徴収しなければならないか

　当管理組合は理事長に報酬を年額5万円支払っています。この場合、源泉徴収する必要があるのでしょうか。また、理事長からマイナンバーを教えてもらう必要がありますか。

▶▶▶ Point

① 理事等への報酬について管理組合には源泉徴収義務があります

② 実費、活動費などの他の名目であっても、実額の精算であることが明確でないと課税されます

③ マイナンバーの取得・管理などの義務が生じます

1 源泉徴収義務

　管理組合が、理事長や理事に対し報酬を支払い、あるいは管理員を直接雇用している場合は、所得税および復興特別所得税の源泉徴収義務が発生するというのが原則です。したがって、源泉徴収のうえ、支払調書を所轄税務署に提出し、徴収額を納付する必要があります。

　源泉徴収義務は、①常時2人以下の家事使用人だけに給与や退職金を支払っている人、②給与や退職金の支払いがなく、弁護士報酬などの報酬・料金だけを支払っている人は例外的に行う必要がありません。しかし、管理組合はこの例外にはあたりません。

　この場合、新たに給与の支払いを始めて、源泉徴収義務者になる場合には、「給与支払事務所等の開設届出書」を開設から1カ月以内に提出することになっています。

　この届出書の提出先は、給与を支払う事務所などの所在地を所轄する税務

287

第7章 管理組合の運営についてのトラブル その3——理事会・役員

署長です（以上、所得税法6・183・184・230、東日本大震災からの復興のための施策を実施するために必要な財源の確保に関する特別措置法28）。

2 実費として支給する場合の注意点

　以上が原則ですが、そもそも給与には交通費その他の実費・立替金の支払いも含まれる場合もあり、現実問題として役員報酬と称されるものの源泉徴収の必要性については、額と支払内容次第というところもありましょう。ただし、労務の対価として支払われていることが明確である場合は、給与等となることは明らかと考えます。規約で報酬を定め、定額が支給されている場合は多くは労務の対価と扱われるでしょう。

　しかし、他方、実費の精算であることが明確である場合は課税されません。実際には年額5万円というのは実費の精算程度であることが多いとも思いますが、規約で報酬を支払うことを明確にしていれば、それは報酬と認定されてしまう方向に働きます。規約であくまで実費の精算であることを明確にしておくことも一案です。その場合、支給を受ける理事長側において、実費の内訳を記帳しておき、その精算であることを明らかにしておくことが必要です。そのような場合は実費の精算であると認定されると思います。

　なお、「報酬」という名前だけを変えて、名目を「実費」「経費」「活動費」などとしたとしても、それだけでは「報酬」と認定されなくなるということはありません。

　また、管理組合が法人であるかどうかは結論において差異はありません（所得税法4）。

3 マイナンバーを取得、管理する必要もある

　次に、マイナンバー法（行政手続における特定の個人を識別するための番号の利用等に関する法律）が平成27年10月から施行された関係で、税務署に提出する支払調書には報酬が支払われた者のマイナンバーを記載することが必要

です（所得税法施行規則84Ⅰ①）。したがって、管理組合としては源泉徴収するために個人のマイナンバーを取得することが必要で、取得した場合には当然その厳重な管理が求められる必要があることとなります。万一漏洩等の事故が起きた場合は、管理組合の責任が発生することはいうまでもありません。

　こう考えますと、理事への報酬支払いについては結構慎重に考えざるを得ないと思います。

【執筆者紹介】

中村　宏（なかむら　ひろし）　　弁護士（神奈川県弁護士会）

【主要著書・論文】『マンション・トラブル絶対解決』（共著、新日本出版社）、『改正区分所有法＆建替事業法の解説』（共著、民事法研究会）、『わかりやすいマンション判例の解説〔第3版〕』（共著、民事法研究会）、『マンション紛争の上手な対処法〔第4版〕』（共著、民事法研究会）、『Q＆Aマンション法実務ハンドブック』（共著、民事法研究会）

濱田　卓（はまだ　すぐる）　　弁護士（神奈川県弁護士会）

【主要著書・論文】『マンション紛争の上手な対処法〔第4版〕』（共著、民事法研究会）、『Q＆Aマンション法実務ハンドブック』（共著、民事法研究会）、『徹底解説　民法改正〈債権関係〉』（共著、日本加除出版）、「マンションの給排水管の更新に関する諸問題」（横浜弁護士会専門実務研究8号）、「マンションの敷地に関する2つの事例」（神奈川県弁護士会専門実務研究11号）、「マンションにおける民泊に関する諸問題」（神奈川県弁護士会専門実務研究12号、共著）、「管理組合が保管する書類の閲覧・謄写請求に関する一考察」（神奈川県弁護士会専門実務研究13号）

マンション管理組合のトラブル相談Q&A

2019年 2 月27日　第 1 刷発行
2024年11月20日　第 3 刷発行

著　者　中村　宏・濱田　卓
発　行　株式会社　民事法研究会
印　刷　株式会社　太平印刷社

発行所　株式会社　民事法研究会
　　　　〒150-0013　東京都渋谷区恵比寿3-7-16
　　　　〔営業〕TEL 03（5798）7257　FAX 03（5798）7258
　　　　〔編集〕TEL 03（5798）7277　FAX 03（5798）7278
　　　　http://www.minjiho.com/　　info@minjiho.com

組版／民事法研究会
落丁・乱丁はおとりかえします。　　　　　　ISBN978-4-86556-271-2

債権法改正などの最新の法令、裁判例、実務を踏まえ設問を見直して改訂！

Q&A マンションション法実務ハンドブック〔第2版〕
―基礎知識からトラブル対応・訴訟まで―

全国マンション問題研究会　編

A5判・458頁・定価4,620円（本体4,200円＋税10％）

▶マンションに関する基礎知識や売買、管理組合運営、補修・建替え、トラブル解決などの悩ましいポイントを、全国でマンション問題に取り組む弁護士がQ&A方式でわかりやすく解説した実務マニュアル！

▶資料編には最新の区分所有法、マンション管理適正化法、標準管理規約（単棟型）を掲載した、実務現場に必携の書！

▶法律実務家の裁判実務のみならず、管理組合の理事長や理事、管理会社の関係者、マンション管理士などのマンション管理実務への指針となる1冊！

本書の主要内容

第1章　マンションの基礎知識
第2章　マンションの売買
第3章　生活をめぐる紛争
第4章　駐車場をめぐる紛争
第5章　管理組合の運営
第6章　管理会社
第7章　管理規約
第8章　マンションの財政
第9章　欠陥マンション
第10章　マンションの補修・建替え
第11章　入居者をめぐる問題

参考資料
・建物の区分所有等に関する法律〈マンション法〉
・マンションの管理の適正化の推進に関する法律〈適正化法〉（抄）
・マンション標準管理規約（単棟型）〈標準規約〉
・マンション標準管理規約（単棟型）コメント（抄）

発行　民事法研究会

〒150-0013　東京都渋谷区恵比寿3-7-16
（営業）TEL. 03-5798-7257　FAX. 03-5798-7258
http://www.minjiho.com/　info@minjiho.com

▶マンション管理実務の知っておきたい知識が満載の必携書の第2版！

管理組合・理事のための マンション管理実務必携 第2版
―管理組合の運営方法・税務、建物・設備の維持管理、トラブル対応―

マンション維持管理支援・専門家ネットワーク　編

Ａ５判・301頁・定価 2,970円（本体 2,700円＋税 10％）

▶マンションに関する法律等の基礎知識はもちろん、会計・税務や長期修繕計画、マンションの再生など管理組合運営で気になる点をわかりやすく解説！
▶平成29年の民法（債権関係）改正、令和2年のマンション管理適正化法・マンション建替え等円滑化法改正や最新判例（高圧一括受電など）、新型コロナウイルス感染症対応などの解説を加えた改訂版！
▶管理組合の理事の方や居住者、マンション管理士、管理会社担当者などのマンション管理実務にかかわる方の必携書！

本書の主要内容

第1章　マンション管理の基礎知識
Ⅰ　マンションとは
Ⅱ　マンションに関する法律
Ⅲ　マンションの権利関係
Ⅳ　管理組合
Ⅴ　管理規約

第2章　管理組合の組織と運営
Ⅰ　理事・理事会・理事長
Ⅱ　総会の手続と決議
Ⅲ　管理会社をめぐる問題
Ⅳ　専門家の活用
Ⅴ　団地型マンションの管理

第3章　管理組合の会計と税務
Ⅰ　管理組合の会計
Ⅱ　管理費等滞納者への対応
Ⅲ　マンション管理と保険
Ⅳ　管理組合の税務

第4章　共用部分の維持管理
Ⅰ　はじめに―マンション維持管理の基礎
Ⅱ　大規模修繕工事の進め方
Ⅲ　日常修繕等
Ⅳ　専有部分との一体管理
Ⅴ　瑕疵への対応

第5章　マンションの再生
Ⅰ　マンションの再生とは
Ⅱ　建替えの手続

Ⅲ　団地建替えの手続

第6章　日常生活におけるトラブルの対処
Ⅰ　騒音問題
Ⅱ　水漏れ問題
Ⅲ　ペットの問題
Ⅳ　用途違反問題
Ⅴ　民　泊
Ⅵ　専有部分のリフォームの問題
Ⅶ　マンションと賃貸借の問題
Ⅷ　不良入居者問題
Ⅸ　ルールを守らない住民・義務違反者への対処法

第7章　マンションをめぐる近時の問題
Ⅰ　債権法改正
Ⅱ　マンション管理適正化法の令和2年改正
Ⅲ　新型コロナウイルス感染症対応と管理組合

発行　民事法研究会

〒150-0013　東京都渋谷区恵比寿 3-7-16
（営業）TEL. 03-5798-7257　FAX. 03-5798-7258
http://www.minjiho.com/　info@minjiho.com

最新実務に必携の手引

― 実務に即対応できる好評実務書！ ―

2024年11月刊 支払決済に関する問題や法律を網羅的にカバーしたトラブルの解決に役立つ至便の１冊！

支払決済のトラブル相談Ｑ＆Ａ
―基礎知識から具体的解決策まで―

クレジットやカード決済だけでなく、サーバ型電子マネー・ウォレット決済・ＱＲコード決済・暗号資産を利用した支払いなど、近年の新たな決済手段も取り上げ、複雑化している決済の仕組みや各種の決済トラブルについて簡潔に解説！

浅野永希・大上修一郎・岡田　崇・川添　圭・西塚直之・松尾善紀　著
（Ａ５判・250頁・定価 2,970円（本体 2,700円＋税10％））

2024年7月刊 金融商品取引を網羅的にカバーし、消費者視点でわかりやすく解説！

金融商品取引のトラブル相談Ｑ＆Ａ
―基礎知識から具体的解決策まで―

有価証券・デリバティブ、株式・社債・信託・ファンド・仕組債・保険・暗号資産・セキュリティートークン・CO2排出権証拠金等、多様な投資取引ごとにその特徴や規制・トラブル対応法を解説！　誠実公正義務や情報提供義務がかかわる金商法・金サ法の最新の法改正に対応！

日本弁護士連合会消費者問題対策委員会金融サービス部会　編
（Ａ５判・264頁・定価 3,080円（本体 2,800円＋税10％））

2023年3月刊 相続・遺言の基礎知識やトラブル対処法をＱ＆Ａ方式でわかりやすく解説！

相続・遺言のトラブル相談Ｑ＆Ａ
―基礎知識から具体的解決策まで―

相続・遺言の基本知識から専門知識までを、経験豊富な実務家がＱ＆Ａ方式でわかりやすく解説！　財産問題であるのと同時に相続人同士の家族問題でもある相続事件について、東京弁護士会法律研究部相続・遺言部が、専門的知識を踏まえつつ解説！

東京弁護士会法律研究部相続・遺言部　編
（Ａ５判・323頁・定価 3,190円（本体 2,900円＋税10％））

2022年11月刊 営業秘密の管理方法、漏えいの予防方法などを書式を織り交ぜつつ解説！

営業秘密のトラブル相談Ｑ＆Ａ
―基礎知識から具体的解決策まで―

営業秘密の基礎知識から漏えいの兆候把握、対応、情報管理、予防策などを実務経験豊富な弁護士が平易に解説！　漏えい事件が頻発する今、企業が現実に直面しているトラブルを設問に掲げ、実践的な問題解決策・営業秘密管理対策構築の方策をアドバイス！

三山峻司・室谷和彦　編著　井上周一・白木裕一・池田　聡・清原直己・矢倉雄太・西川侑之介　著
（Ａ５判・305頁・定価 3,410円（本体 3,100円＋税10％））

発行　民事法研究会

〒150-0013　東京都渋谷区恵比寿3-7-16
（営業）TEL. 03-5798-7257　　FAX. 03-5798-7258
http://www.minjiho.com/　　info@minjiho.com